风景这边『读』好

——E时代下小学语文朗读教学探究与实践

高学雷 编著

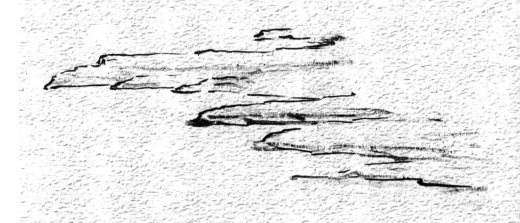

中国出版集团 现代出版社

图书在版编目（CIP）数据

风景这边"读"好：E 时代下小学语文朗读教学探究
与实践 / 高学雷编著 . -- 北京：现代出版社，2021.11
ISBN 978-7-5143-9200-5

Ⅰ . ①风… Ⅱ . ①高… Ⅲ . ①小学语文课—朗诵—教
学研究 Ⅳ . ① G623.202

中国版本图书馆 CIP 数据核字（2021）第 237667 号

风景这边"读"好：E 时代下小学语文朗读教学探究与实践

著　　者	高学雷	
责任编辑	陈秀香	
出版发行	现代出版社	
地　　址	北京市安定门外安华里 504 号	
邮　　编	100011	
电　　话	010-64267325　64245264（传真）	
网　　址	www.1980xd.com	
电子邮箱	xiandai@vip.sina.com	
印　　刷	广州虎彩云印刷有限公司	
字　　数	203 千	
开　　本	700mm×1000mm 1/16	
印　　张	14	
版　　次	2021 年 11 月第 1 版　2022 年 1 月第 1 次印刷	
书　　号	ISBN 978-7-5143-9200-5	
定　　价	78.00 元	

编委会

主 编：高学雷

编 委：马澜兮 孙 静 田冰婉 李曼钰 汪 晴
        王 颖 郝秀秀 林琪琪 白 玉 袁 典

此著作为北京市教育科学"十三五"规划 2018 年度

一般课题成果（课题立项编号 CDDB18289）

朗读与"E时代"更配

"E时代：E是英文Electronic（电子）的缩写。E时代指网络普遍使用的电子时代。"

"小学生，指正在小学读书的学生，一般为6~12岁。"

"朗读能力：把文字转化为有声语言的一种创造性素质与能力。这是一个眼、口、手、脑协同动作，有着复杂的心理、生理变化的驾驭语言的过程。在朗读中也需要对文本进行初步对话，读出自我的理解和世界观。"

"由此，该课题概念界定为教育者在网络普及的电子时代，研究探索处于语言发展关键时期的小学生在E时代环境下朗读能力培养的策略。"

以上是我拿到高学雷名师工作室"E时代下培养小学生朗读能力的策略研究"开题报告时，关注的几个核心概念的界定。

立足于时代特点、引领学习主体、借助朗读形式，促进学生综合能力提升进而形成其语文核心素养，这是我对高学雷名师工作室主题研究意义的总体感受。

一、关注朗读，定位研究方向的准确性

"讲解是分析，朗读是综合；讲解是钻进文中，朗读是跃出纸外；讲解是摊平、摆开，朗读是融贯、显现；讲解是死的，如同进行解剖，朗读是活

的，如同赋予作品生命；讲解只能使人知道，朗读更能使人感受。"语言学家徐世荣先生，在半个世纪之前就如此强调了讲解与朗读的关系。

新课程改革后拟定的《义务教育语文课程标准（2011年版）》，明确地提出小学各年级的阅读教学一定要重视朗读的应用。每一位语文教师都深知，朗读是小学语文教学中极其重要的元素，但在教学实践中，绝大部分学校的语文考试并未将朗读考察列入其内，如何真正把朗读的实效性落实，是多位教师面临的困惑。在教育教学不断改革的新时代，如何进行并指导朗读，引起了高学雷老师的关注。就是在这种背景下，他引领着工作室成员把研究视角落在了如何运用"E时代"的网络优势去探究朗读的新途径、新方法上。这种准确的定位，为研究找准了切入点。

二、与时俱进，借"E时代"施教的前瞻性

高学雷老师把名师工作室研究的主题定位在"E时代"下提升小学生朗读能力的新途径，把朗读与电子时代结合在一起，颇有几分追时髦的感觉。

当我们静心关注周围孩子们的兴趣点时，不得不承认：这个时髦抓到了点上。手机、电脑、iPad……各种电子产品充斥在孩子们的生活中，在纸质阅读已被最大限度地边缘化的时候，如何引领孩子们进行朗读活动，把这些电子产品或化为学习工具或打造为学习平台从而培养小学生的朗读能力，是形成语文核心素养过程中绕不过去的一环。传统纸笔测验鲜有对朗读能力的测试，朗读能力常被忽视。借助"E时代"下的各种开放性软件，可以对小学生的朗读能力及时跟踪、指导与反馈，借助人工智能，在一定程度上弥补了传统评价的短板，这也是课题的创新性所在。在"E时代"，谁顺势而为、及早抓住时代特点，因"E"施教，谁就能及早抓住孩子们的心。可见，在"E时代"下进行朗读能力的培养，具有丰富的资源优势和充分的前瞻性。

三、立足教材，关照阅读教学的双线性

双线结构是统编版教材的核心概念。教学过程中，在人文主题、语文要

素这两条主线的引领下，既要教授基本语文知识，形成语文能力，也要在知识中巧妙渗透人文要素的价值观，让学生从小养成良好的价值观念。

高学雷老师和课题组成员就是以这"两条线"为依据，对所任教年级的大部分课文进行了专门的朗读设计：从文本要素解析、朗读要点把握、朗读效果评测和朗读课文标志几个部分对教材文本进行解读；还自编了朗读教材，不仅涵盖了一些经典篇目，还涉及著名的绘本故事。

朗读实施过程中，他们巧妙借助目前使用较为广泛的各种开放性App，激发小学生的朗读兴趣，使学生从愿意尝试到最终爱上朗读；同时借助"E时代"下的电子终端，通过课堂讲解，课后利用各种开放性App追踪、反馈学生朗读，进而提升小学生的朗读水平。2020年年初暴发的新冠肺炎疫情导致大面积的网络学习，又从侧面验证了借"E"施教的有效性。

四、多元评价，彰显反馈的针对性

高学雷老师与课题组成员把主体关照放在首位，不仅借助多种形式的朗读激发学生的参与兴趣，而且引领学生从不同文体特点出发，借助朗读解读文本、传达感情，并把这些有声作品上传到班级的电子交流台，师生依据《义务教育语文课程标准（2011年版）》，以读得正确、流利、有感情为核心依据，从口头评价和书面评价两种途径进行朗读评价。评价过程中，提倡评价主体的多元化，老师、学生、家长等都参与其中。强调评价应尊重学生独特的情感体验。可以根据学生的年龄、心理、性格特点及学习基础，因人而异，避免"千人一律"。正是在民主化、多元化的电子平台上的交流，使每一位参与者不仅能自己借助软件进行后期制作，而且能感受到有针对性的反馈；这样的训练形式，不仅提升了朗读效果，也提升了学生的审美能力。

五、全员参与，落实朗读的实效性

高学雷老师课题组的研究对象是他所在的北京亦庄实验小学一、二、三、六年级小学生及其任课教师。"提高小学生的朗读能力离不开任课教师的指导，所以研究对象中也包含他们。"高老师的解释，让我们感受到：师生多元参与，更利于把朗读的实效性落实。

课题以"E时代"为研究背景，其研究工具自然侧重现代化科技手段，充分利用录音软件、语音分享平台等进行交流，如荔枝、喜马拉雅、微信、QQ语音、抖音等。资料主要来源于各班的QQ群和微信群中学生上传的朗读语音文件，还有公众号"读伴"里的音视频文件。上述常用的App，基本上所有家长都会使用。课题组成员针对班级网络朗读平台上的朗读，给予具体的评价反馈与指导；同时也辐射到学校组织的朗读活动，给予跟踪和反馈。具体做法：在课题组成员所任教班级的日常语音上传中，随机抽样，对他们的录音进行试听指导；在期末朗读检测中，整群抽样，对所在级部各个班级的朗读水平进行评测，检测的标准会根据年级的高低有所调整，检测之前会有一个等级预判。

教师、学生、家长的多元参与，"E"平台的介入，使朗读不再是过耳即逝的过场声音，而是可以反复收听、不断反思的音频作品。全员参与、落实效果的训练形式，对营造良好的校园、家庭读书环境起了重要的作用。

关于课题实效性，让我印象最深的两点：一是研究班中从二年级到四年级借助"E时代"进行朗读训练指导后的效果的统计图，是真正用数字说话的典范；二是高学雷老师在疫情期间一直坚持每天推送的微信有声平台"阿雷吟诵讲堂""阿雷带你朗读"，在居家隔离的日子，从未离开过学生。师生间把电子平台打造成了展示朗读水平、提升语文素养、强化审美意识的舞台。高学雷老师和他的团队用研究证明：朗读与"E时代"更配。

（张凤霞　首都师范大学初等教育学院）

语文课堂理应书声琅琅

不知何时起，语文课堂上琅琅的读书声小了、少了，甚至销声匿迹了。这是一种怪现象。

自古以来，言语习得，乃口口相传；诗词歌赋，多吟诵而作。古人把学习叫"读书"是颇有道理的。朱熹有言曰："凡读书，须要读得字字响亮，不可误一字，不可少一字，不可多一字，不可倒一字，不可牵强暗记。只是要多诵遍数，自然上口，久远不忘。"吕叔湘先生明确主张："语文教学的首要任务就是培养学生各方面的语感。"叶圣陶先生也持相同看法。朗读是培养语感最有效、最重要的方法，此乃不争之事实。

清楚记得，2016年第3期《小学语文教学》会刊版卷首语《从贾老师的"神机妙算"说起》，那是中国小学语文界泰斗级大师于永正先生所写，文中的"贾老师"则是另一位泰斗级大师贾志敏先生。贾老师的"神机妙算"，简而言之——朗读能力强的孩子语文成绩一定很好！由此看出朗读的重要性和必要性。在文章最后于永正老师掷地有声地写道：

在课堂教学中，朗读尤为重要！语文课程标准把朗读好都列为各学段的首要教学目标，几乎每篇课文，编者都提出要"正确流利有感情地朗读课文"的要求。很遗憾，能落实者甚少！我教了几十年语文，我对自己有个"规定"：课文不朗读好不开讲。几乎每篇课文我都会朗读给孩子们听。低年级一开始就范读，必须"先入为主"，必须"抱着走"。中高年级则让学生先"尝试"，再师生交流。我深知示范的重要，低年级的课文要领读，即使到了高年级有好多句段还要领读。把课文读得通畅，读出恰当的语气，读得入情入境，可以说是一种享受，是语文教学的升华。语文所承载的一切，也会随之融入学生的血脉。课后呢，则让学生阅读课文书。读到精彩处，也要朗读……

我们可以回顾一下于老师和贾老师的课，哪一堂语文阅读课缺少了师生们琅琅的读书声呢？！大师虽去，精神永存。

本人区级工作室成立后，便给工作室立了一个目标——研究朗读教学。团队小伙伴在我的倡导和鼓励下，认真阅读或朗读教学方面书籍，反复锤炼自己的朗读功夫，不断进行朗读教学设计，积极寻求E时代下提升学生朗读能力的方式方法……经过工作室伙伴们近两年的不断探索实践，2017年7月，"E时代下提升小学生语文朗读能力的新途径"立项为区级课题，2019年6月，该课题顺利结题。在此期间，我们对课题成果进行纠偏修正，2018年6月，"E时代下培养小学生朗读能力的策略研究"立项为北京教科院"十三五"课题。

进行课题研究期间，我们自编刊印了《小学统编版语文朗读教学设计》，工作室小伙伴在课堂教学评比及论文评比中凭借对朗读教学的深入实践研究而多次获全国、省市级奖项。同时，我们团队也先后受邀到新疆克拉玛依市、河北廊坊市、安徽淮北师范大学、北京教育学院、北京二十一世纪国际学校等省内外学校进行朗读教学交流活动，并广受好评。

我一直跟团队的小伙伴说，我们努力的最终目的是提升孩子们的朗读能力，进而提高学生的语文素养，自己的专业成长那只是教师的"副产品"。

作为一线教师的我们，凭借一己之力，正在努力找回书声琅琅的语文课堂。

愿为小学语文朗读教学鼓与呼：小学语文课堂，理应书声琅琅！

高学雷

2020年10月1日

目录

上篇 "读"法探索

壹

"读"之理念

贰

"读"之策略

叁

"读"之评价

下篇 "读"中实践

壹

朗读为主的课堂教学设计

古诗：

现代诗：

童话：

寓言：

散文：

贰

朗读教学为主的课堂教学实录

上篇 "读"法探索

"读"之理念

风景这边"读"好

——"高学雷名师工作室"导师高学雷访谈录

　　"高学雷名师工作室"成立于2015年9月，由北京市大兴区教委授牌。工作室现有年轻教师12名。工作室导师高学雷，现任教于北京亦庄实验小学，语文特级教师，国家级普通话水平测试员，国家级优秀班主任，全国首届百名"好老师"，省骨干教师，市级名师，市学科带头人。近年来，先后被聘为多所师范院校"国培计划"经典诵读或朗读教学授课老师，被北京教育学院校长培训班聘为授课教师；先后在安徽、河南、河北、北京、新疆、山东等地进行公开课、教育教学讲座60余次；先后承担省市级以上课题5项，获得省级科研课题一等奖，在《小学语文教学》《小学语文》《班主任之友》《辅导员杂志》等专业期刊发表文章40余篇。多年来一直致力于小学朗读教学的实践研究，现主持北京市教科院"十三五"规划课题"E时代下培养小学生朗读能力的策略研究"。

　　工作室成员都是入职不久的年轻老师，几年来，依托市区级相关课题，不断深入研究，把提升学生朗读能力扎扎实实落实到日常教学活动中去。本次借助《小学语文教学》杂志平台，就是想把我们在朗读教学方面的一些探索提供给各位小学语文界同人，期待互相"碰撞"、共同进步，让朗读教学能够真正落实到小学语文课堂中去，让书声琅琅重回教室，重回校园。

记者：高老师，您好！咱们《小学语文教学》会刊版2019年第6期《嘉宾有约》栏目曾刊载过您的《我与音乐之缘——一位语文特级教师的音乐情愫》一文，从中我们了解到您在音乐和朗读融合方面颇有研究，您的课堂中充满了音乐情趣。能给我们介绍一下音乐和朗读之间有什么特别的联系吗？

高老师：您好！首先感谢咱们《小学语文教学》杂志给我们提供这么高的一个平台，来交流我们关于朗读教学的一些思考和实践。说起《嘉宾有约》的那篇文章，也颇具戏剧性。我一直是一个朗诵爱好者，咱们杂志社郭艳红主编在2017年9月建了一个"《小学语文教学》朗读者"微信群，我是第一批加入的，并录音投稿，这样便结识了郭艳红主编。直到现在，我一直是这个群里最活跃的成员之一，我会把自己或者学生朗读的作品发到这个群里。尽管群里只有五六十人，和那些动辄成百上千成员的群相比，或许吸引不了几个人关注，但我觉得这里面都是一些真正懂得朗读的老师，所以一直是这里的常客。

话题扯得有点儿远。回到《嘉宾有约》那篇文章，当时我看到咱们杂志有这样一个专栏，觉得自己在语文教学和音乐爱好这一块儿有点儿东西可写，就和郭艳红主编沟通了一下，郭主编觉得这个素材很好，直接要稿子，于是，很快就刊登出来了。这里感谢的话不多说，工作30多年，一直和《小学语文教学》相伴，可以说我的进步是离不开它的！深深地记得，我的第一篇单元整体教学设计"我和月亮有个约"就发表在咱杂志2006年7、8期合刊上。

说到朗读与音乐的特别联系，其实我们都知道，人类的语言本身就是一种音乐，我们都说百灵鸣叫就是在唱歌，我们人类语言的丰富多样是要胜过百灵的。从最早的《诗经》《楚辞》到唐诗、宋词、元曲，不都是咏之歌之的吗？朗读本身就是有节奏有韵律的，古代一直也都是吟唱的。现在我们定义下的朗读不过是新文化运动以后，让书面语和口语尽量统一起来，把西方的一些朗读技巧借鉴过来，才形成现在朗读的样子。

如今，为了更好地表达朗读效果，我们一般会选择给朗读配乐。说句实话，（我）发现现在很多不懂音乐的人去给朗读选择背景音乐，往往加上音乐还不如不加！所以，语文老师要想教好朗读，甚至想为朗读插上音乐的"翅膀"，还是要懂点儿音乐为好。我的教室里是有一个音乐角的，会把电子琴、吉他、手鼓等放在教室里，读诗的时候孩子们会自动地拿起手鼓来伴奏，我也会时不时拿起吉他吟唱古诗词，或者为孩子们伴奏。所以，我的教室还有一个名字叫"MC"教室——充满音乐（Music）情调的语文（Chinese）课堂。我会利用多媒体把孩子们的朗读情绪调动起来，配音乐，配画面，让孩子们真正体验到朗读的艺术魅力！

记者：您是国家级普通话水平测试员，还参加了仅有的两次国家级境外测试员资格培训，据说全国也就300人左右具有这种资格。那您是什么时候喜欢上普通话，与之结缘的？您在朗读教学方面都做了哪些探索与尝试？有没有一个特别的时间节点，让您对朗读教学有了一个新的体悟？

高老师：我是一名普师生，学历就相当于现在的高中毕业，十八九岁就踏上了小学教师工作岗位。当然，我们这些普师生是什么状况，相信小学界都是知晓的，可以说现在全国小学语文界很多名师都是那个时候的普师生。我上了四年的普师，四年里我们三字一话严格训练，音乐、美术是必备科目，所以那个时候出来的普师生大多多才多艺，是教学的多面手。当然，普通话作为一项基本功是必须过关的。说实在的，我是农村长大的孩子，小时候笨嘴拙舌，见人就脸红的那种。上了师范后，不得不练习普通话，不得不当众即兴演讲。也许在语言方面有点儿天赋吧，很快我的普通话就说得像模像样，受到语基老师的注意，然后就被推选为班里的推普委员，于是就和普通话结下了不解之缘。

毕业后，走上了小学语文教学之路，由于普通话比较好，加上声音有磁性，读起课文来特别吸引学生，孩子们很喜欢我的语文课。不过那个时候，我也没有特意去研究朗读教学，也就课堂上带着孩子们读读课文，偶尔利用课余时间辅导孩子们参加一些朗读节目，先后获得了一些省市级的奖项。自己也参加了一些演讲或者朗诵比赛获得不错的成绩。但也只是一种业余爱好，仅此而已。

20世纪90年代末，两基抓得很严，全国教师行业推广普通话教学，教师要有普通话证书，取得相应登记证书才能从事教学，师范院校的学生必须考取相应的普通话等级证书才能拿到教师资格证。当时，还没有机测，需要大量的普通话测试员去进行师生的普通话水平测试，由于我在市区里经常主持一些节目，所以就被教育局选派到省教育厅参加省级普通话测试员培训。成为一名省级测试员以后，承担了大量的普通话培训和测试工作，对普通话有了更深一层的认识。

2007年被省教育厅推荐参加了国家级普通话培训，我成了一名国家级普通话水平测试员。由于工作突出，2009年又被省教育厅推荐参加了全国普通话测试员骨干培训班，成为一名具有境外测试资格的国测员。在被人才引进到北京之前，我一直是我们地区幼儿师范专科学校的普通话兼职教师，常利用晚自习给师范生进行口语或普通话培训。

说到朗读教学，由于我不断参与普通话教学和培训，对于朗读教学也渐渐有了一些想法。比如在平时的教学活动中，有意设计朗读教学环节，以读促思，以读代讲，也零星发表过关于朗读教学的小文章，但也没有进行系统深入的细致研究。

说到真正重视朗读教学，并把它作为研究的对象，和工作室小伙伴一起做关于朗读教学相关的课题，这应该是2016年的事儿。为什么是这个特别的时间节点呢？这还是和咱们《小学语文教学》杂志有关，2016年第3期《小学语文教学》杂志卷首语刊发了于永正老师的《从贾老师的"神机妙算"说起》，读到这篇卷首语，很是感慨。感慨于贾志敏老师的"神机妙算"，感慨于两位小学语文教学界泰斗的惺惺相惜，更感慨他们对于小学语文教学共同的真知灼见——小学语文教学必须抓好朗读教学！虽然两位泰斗先后离我们而去，但他们对于小学语文教学的影响将一直持续。

记得当时，我们工作室刚刚成立不久，当我把这篇卷首语读给工作室成员听，并把自己关于深入进行朗读教学研究的想法跟小伙伴交流时，大家一致认可。于是2016年上半年，我们工作室开始着手准备，我第一件事就是给工作室成员购买相关方面的书籍，从美国吉姆·崔利斯的《朗读手册》到中国播音泰斗张颂的《朗读学》《朗读美学》，从王尚文的《语感论》到王力的《诗词格律》……只要与朗读和朗读教学相关的书籍我们都要搜集，看看要不要买回来阅读学习。那两年，工作室的主要开支就是给成员们购买相关书籍。还有就是组织工作室成员不断走出去，参加各类朗读教学的相关活动，不断进行经验学习、交流与分享，为后边开展课题研究进行知识和能力储备。

记者：我们了解到最近两年您带领自己的工作室成员做一项北京市级的课题，能跟我们聊一聊课题进展情况吗？

高老师：2017年6月，我们的区级课题"E时代下提升小学生朗读水平的新途径"成功开题，经过两年不懈的研究、实践，2019年7月，课题顺利结题。在此期间，为了让课题研究更深入，探索出学生朗读能力提升的最佳途径，我们对原有课题进行修正纠偏，并于2018年9月，北京市教科院"十三五"规划课题"E时代下培养小学生朗读能力的策略研究"成功开题。

由于受新冠肺炎疫情的持续影响，预计今年下半年的结题工作要有所推迟。尽管受新冠肺炎疫情的影响，但我们的课题研究工作依然没有停歇，比如我们后边有几篇文章就是疫情期间实践的成果。

记者：您刚才谈到了课题组老师为做这项研究，购买相关书籍学习，并多次外出交流、学习，能否介绍一下这项研究对您及工作室成员产生了怎样的影响？

高老师：说句实话，尽管我们工作室小伙伴大都是近几年入职的985、211高校研究生，普通话水平也不错，但真正落实到课堂教学上，落实到学生朗读水平提升方面，除了本人有些经验，大家基本上还是白纸一张，要想开展此类课题的深入研究，怎么办？只有学习、学习、再学习！跟谁学？跟书籍、音视频，还有名师们学。我会定期开展读书分享会，会请朗读教学方面的专家或名师给我们的成员培训或上示范课，我也会把于永正、贾志敏、支玉恒、王崧舟、窦桂梅等名师的课堂录像，尤其是体现朗读教学相关录像课购买或收集起来，利用每周四的工作室晚间教研活动时段，播放给学员们观看，并进行听后交流……以此促进他们在朗读教学方面的不断提升。

两年多的学习、研究、探索与实践，使年轻老师在课堂教学，尤其是朗读教学能力方面有了很大提升。两年多来，先后有一人获得"新星杯"一等奖；一人获得"启航杯"二等奖；2018年、2019年，课题组老师连续两届参加全国"教师好声音"比赛，分别取得一等奖3人，二等奖5人的成绩；李曼钰老师获得北京市"启航杯"课堂教学大赛一等奖，林琪琪老师获得北京市"新星杯"课堂教学大赛二等奖。我们的课题成果也在北京二十一世纪学校、进步小学等北京市兄弟学校进行经验交流，受到好评。2018年11月，我们课题组田冰婉、郝秀秀和我应邀到淮北师范大学2018年国培计划"小学语文经典诵读"培训班给老师们上示范课，进行诵读相关专题培训，受到主办方老师和学员们的一致好评。可以说课题实验让年轻老师迅速成长起来。

记者：对于其他地区的老师来说，如果想要在朗读方面有成长有造诣，您作为过来人有什么建议吗？

高老师：三点小建议，仅供参考：

第一，思想上重视起来。语文语文，不仅姓"文"，更要姓"语"，我们把"语"字排在"文"字的前面，但实际教学中呢，我们却把"语"字排在后面，甚至扔到找不到的地方去啦！实在是不应该！于永正老师就说过：语文教学总归是要朗读的。如果思想上不重视，其他都免谈。

第二，理论上学习起来。应该读一些关于朗读和朗读教学方面的书籍，哪些书呢？上面我提到一部分，可以参考。当然，还要向朗读教学名师去学习，现在网络方便，好资源随处可见。

第三，行动上实践起来。首先自己应该是个优秀的朗读者，普通话不好可以练，国家要求语文老师的普通话等级是二甲，那你必须达标；声音不美也没关系，可以学一学科学发声。总之，在学生眼里，你要是一个朗读者。然后，把学到的理论运用到实践中去，让孩子们课堂上的朗读随时可闻。

记者：E时代这个大背景，想要提高孩子们的朗读水平，您能不能给我们广大一线的教师提供一些可以推广的朗读教学策略？

高老师：这里概括地说一下，详细内容大家可以参考后面的相关文章。我觉得E时代下提升学生的朗读能力可以从以下几个方面着手：

第一，课上借助视听媒介，提升学生朗读兴趣。

第二，课下练读借助示范，纠正学生朗读问题。

第三，使用语言网络平台，共享学生朗读作品。

第四，利用平台留言功能，进行学生朗读评价。

第五，线上线下朗读分享，增加学生朗读动力。

学生朗读能力的提升一定要注重学生朗读兴趣的培养，没有了朗读兴趣，一切归零。朗读兴趣的培养需要老师们花费心思去设计朗读教学环节，充分利用E时代下方便的网络语音平台训练、激励、评价学生们的朗读，不断促使孩子们在朗读中提升能力。

记者：如果用一句话来提炼您的朗读理念，您认为会是什么呢？

高老师：营造书声琅琅的小学语文课堂！

记者：今天的采访，让我对小学朗读教学有了更深的理解，深刻感受到提高学生的朗读能力对提升学生的综合素养有着深远的意义。也希望您的这种探索能够给小学语文老师们一些启迪，一些改变。谢谢您接受采访。最后，祝您和工作室的小伙伴在小学朗读教学的实践探索中不断前行，不断收获！

为朗读插上音乐的"翅膀"

——略谈如何为课文朗读选择合适的背景音乐

随着统编语文教材的全国推行，我们越来越感觉到语文教学不仅是为了让学生掌握一些最基本的语文知识，更重要的还要通过母语的学习，发展学生的语言表达能力，根植民族基因，传承中华文化，提升学生综合素养。

作为一门母语课程，在教学过程中对于学生语言能力的培养已经越来越受到语文教育工作者的重视。我们知道，一个孩子的语言表达能力的高低是看这个孩子的语感如何，而这种语感的形成所依附的最重要手段就是朗读。如何调动学生朗读的积极性，让他们喜爱上朗读呢？这就需要我们语文老师不断地进行探索与实践。

本人是一名三十年教龄的小学语文教师，一个会演奏十余种乐器的音乐爱好者，一位近二十年推普经验的国家级普通话水平测试员，这种综合的身份让我对小学语文朗读教学有了自己的一些想法，并不断地进行探究与实践。如何让老师们的朗读更生动，更形象，更专业，更吸引学生，通过榜样示范让学生真正喜爱上朗读，爱上这门既是技术亦是能力的语言艺术呢？"为朗读插上音乐的'翅膀'"将从一个小小的角度为语文老师们打开一扇朗读之窗。本文将从以下三个方面简略谈谈如何为课文朗读选择合适的背景音乐。

一、背景音乐在课文朗读中的作用

音乐在人们工作生活中有着不可估量的重要作用。两千多年前的圣人孔子曰："移风易俗，莫善于乐。"音乐的力量可见一斑。

人类语言的产生和音乐也是密不可分的，或者说人类的语言活动从未缺失过音乐。从遥远的《诗经》《楚辞》到唐诗、宋词、元曲，可谓一路唱来，直至发展到当今的戏剧曲艺、舞台歌剧、流行歌曲、电影电视……可以说语言与音乐总是如影随形，从不分离。

最近火热的央广央视文化情感类节目《朗读者》曾感动了亿万观众，除了被朗读者们那充满真情实感的朗读，以及他们亲身经历或耳闻目睹的感人故事打动之外，节目组团队精心为每位朗读者选配的朗读背景音乐，也是撩动观众情感的重要原因。

对于小学语文课文的朗读，我们没有条件，没有能力，也不可能像央视那样有一个智囊团帮着去挑选、编制背景音乐。但是，作为一名语文老师，您如果能尝试着去学点音乐相关知识，提高点音乐鉴赏能力，相信对您的语文教学，尤其是朗读教学会有帮助的。

打个比方来说明朗读背景音乐的作用，如果说朗读是一幅画，那背景音乐就是将这幅画进行精心装裱，使它成为一件臻于完美的书画艺术品。可以说朗读配乐对朗读起到了烘云托月、推波助澜、锦上添花的重要作用。

二、不同形式的文章匹配不同类型的音乐

我们经常会听到一些朗读作品的配乐很不舒服，让人感觉还不如不配来得清爽！是什么原因造成的呢？就是没有选择好合适的背景音乐。究其根本就是不懂音乐，不知如何配乐造成的。选择背景音乐一定要讲究技巧，并且一定要遵循必要的原则。我认为作为小学课文朗读配乐可以从以下两个方面考虑。

（一）依据不同文体类型选择不同类型的音乐

统编小学语文教材中的文本题材大概分为诗歌、童话、散文、记叙文、

寓言、神话、科学小品文等。其实从朗读教学的角度来看，其中童话、寓言、神话可以归为记叙类，科学小品文是说明类，诗歌可以分为现代诗、古诗词。这样的话，从朗读背景音乐选择方面也简单区分为：记叙文、说明文、古诗词、现代诗、散文五类。

依据不同文体，我们大体可以寻找背景音乐的选择方向。

1. 记叙类文章。这类文章一般篇幅较长，有着故事的发生、发展和结果，我们可以寻找一些同样具有叙述性类型的音乐，这类音乐往往具有较强的故事性。举几个例子：

例如，统编版六上第22课《月光曲》这篇课文，它主要叙述了贝多芬和一个喜爱弹钢琴的盲姑娘之间发生的故事，并因此而即兴创作了《月光曲》，我们就可以找贝多芬因这个故事而创作的同名钢琴曲，拿来作为背景音乐，那自然是再合适不过的。

比如，统编版二年级下册第28课《丑小鸭》，就可以找一找为音乐剧《丑小鸭》编配的相关音乐，作为朗读课文的背景音乐。

再比如二年级上册第20课《雪孩子》，就可以找到动画片《雪孩子》的相关主题音乐来作为课文朗读的背景音乐。

童话、寓言、神话等这类文本的朗读很多可以寻找同名的电影、音乐剧等相关的音乐作为背景音乐。这里不一一赘述。

2. 说明类文章。这类文章一般文字没有太多的感情色彩，情节上没有什么波澜起伏，选择背景音乐时，一些旋律上没有太多大起大落、轻柔舒缓的音乐是不错的选择。当然这类文章的选择尽管面儿很宽，没有太多的挑剔，但还是要考虑一些必要的因素，比如地域性。举个例子，你给统编版五年级下册的《金字塔》选择背景音乐，你是选择阿拉伯风格的音乐还是中国风格的民乐，不言而喻。

3. 古诗词。这类体裁可以说是相对比较好挑选背景音乐的，很多老师都会想到中国民族音乐或者中国古老乐器演奏的乐曲，这个方向是基本对的，只是在选择的时候还是要考虑很多细节问题的。比如说边塞诗中描写边关战争的《凉州词》《从军行》等，选择背景音乐很多时候要想到琵琶、羌笛、牛角号这类乐器演奏的音乐。

4. 现代诗。现代诗的种类很多，于小学语文而言，最常见的还是儿歌、儿童诗、散文诗、歌谣等。对于儿歌、儿童诗、童谣、歌谣大部分主题都应该是轻松活泼的，因此选择一些欢快活泼的轻音乐作为背景音乐就比较合适。当然有不少儿歌或者童谣本身就被音乐家改编成了歌曲或乐曲，比如统编版一年级上册的《上学歌》《小小的船》；一年级下册的《小青蛙》《孙悟空打妖怪》；二年级上册的《拍手歌》等，这些都可以用同名的歌曲或乐曲作为背景音乐。不过，我们建议凡是有歌词的歌曲作为背景音乐尽量使用伴奏版，这样就不会出现喧宾夺主的情况。当然，也有例外，像我在给《雷锋叔叔你在哪里》选择背景音乐就保留了歌词，这种有意而为之是为了突出诗歌的主题。

5. 散文。应该说散文朗读的背景音乐，和散文的"形"一样是很"散"的，换句话说是很广泛的，要从下面所讲的情感方面进行相关的选择。但有一点像散文的"神"一样，那就是这类音乐一般都是比较典雅的音乐。浪漫的钢琴曲理所应当是首选。比如，统编三上《秋天的雨》，我就选配了理查德·克莱德曼的经典曲《秋日私语》；三下的《我变成了一棵树》，选配了一首柔美的钢琴曲。其次是一些世界经典的轻音乐。我就很喜欢用班得瑞的轻音乐来为散文进行配乐。比如，三上《铺满金色巴掌的水泥道》我就选择了班得瑞的《春野》等。

（二）依据文章情感基调选择不同类型的音乐

依据文章表达的情感来选择不同类型的音乐，应该是选择朗读背景音乐最重要的依据。音乐的产生往往就是人们不同情感的一种表达，所以音乐的风格也是依据不同情感表达进行分类的，比如大调的音乐高亢明亮，小调的音乐哀婉悲伤，等等。我们在朗读文本之前，一般都要对文本进行朗读基调的确定，确定了朗读基调，那背景音乐的基调也随之确定。朗读基调分为哪几种呢？朗读界说法不一，常见的有十多种。依据统编小学语文课文的编配特点，以及小学生的情绪表现能力，我觉得可以简化为以下五种：清新舒展的、高亢明亮的、低沉悲痛的、轻松活泼的、骄傲自豪的。下面分别说说这五种不同感情基调的文章如何选择不同的背景音乐。

1. 清新舒展的

这类文章一般是散文或者情感起伏不大的记叙文。那背景音乐的选择自然是一些舒缓悠扬的曲子。比如统编版三上《海滨小城》，我选择的就是《Torsten Abrolat–A Morning Stroll on the Beach – Seagulls & Piano Sounds》，这是一首舒缓悠扬的钢琴曲，同时又时有海浪冲击沙滩和海鸥的鸣叫声，很是与文本内容切合，不过后边高潮部分过于激昂的乐段我进行了处理。再比如六年级上册第一课《草原》，我在选择背景音乐的时候，不仅考虑到音乐的清新舒展，还考虑到地域的因素，课文的主题因素，我选择了《美丽的草原我的家》歌曲的伴奏版。在小学课本里，这类文章比例还是比较大的。

2. 高亢明亮的

这类课文往往是表达作者兴奋激动的情感，那背景音乐选择大调的铜管交响乐乐曲更为合适。比如统编六上《七律·长征》，选择《长征交响曲》最贴切不过，当然备选的也不少，比如《大梦敦煌》《爬雪山》《长征》等。这类风格的音乐很多，只要节奏、气氛对得上，都是可选的。

3. 低沉悲痛的

这类课文往往表达的是作者低沉悲痛的心情，背景音乐的选择一定是速度缓慢、音色低沉的小调乐曲。比如统编六下《十六年前的回忆》，我选择的是一首速度极为缓慢的大提琴曲，大提琴的音色本身就是低沉的，很能贴近文中作者的心情。

4. 轻松活泼的

少年儿童正处在成长的关键时期，需要积极、健康、快乐的正能量，所以统编版小学语文课文中这类体裁的文章所占比例不少。比如，统编一上《上学歌》，一下《怎么都快乐》，二上《拍手歌》，二下《找春天》，三上《那一定会很好》，等等。这类文本的朗读配乐，您只需要记住一个原则就是选择节奏欢快，音色明亮的音乐。例如《上学歌》我选择的是同名歌曲，节奏欢快，音色明亮，与课文内容很吻合。

5. 骄傲自豪的

这类课文在小学课本中占比不高，也是相对比较难进行配乐的文章。因为这类音乐的面还是比较窄的。比如，统编六年级上册梁启超的《少年中国说（节选）》，这种一气呵成、快语速、高声调的乐曲匹配度很低，我选择了很久，最后选择了《钢铁洪流进行曲》，这首乐曲的节奏和乐器的选配是最合适的。

当然，无论是体裁不同，还是情感不同的文章，背景音乐的选择都不是绝对的，它们之间并没有非此即彼的分界线，就是一篇文章里，往往是各种情感的交叉重叠，交叉重叠中千挑万选，才能大浪淘沙，选择出最适合的。诚然，要想达到最好的效果，适当的音乐剪辑还是很重要的。

三、选择背景音乐着重避免的几个问题

（一）尽量避免使用带有歌词的音乐作为背景音乐。

（二）尽量避免背景音乐的声音过高或过低。

（三）尽量避免在嘈杂的环境下进行朗读作品的录制。

鉴于篇幅字数问题，不展开叙述。大家可以关注我的个人微信公众号"阿雷吟诵讲堂"，关于朗读、吟诵的内容很丰富。

让我们为朗读插上音乐的"翅膀"，努力做一个优雅的朗读者吧！为了您，更为了您的学生！

北京亦庄实验小学　高学雷

朗读学视域下小学语文朗读行为谬误浅析（一）

在小学语文朗读行为中，存在着诸种我们习以为常的理念谬误，这种谬误有的不易察觉，有的我们甚至认为是正确的。在此，笔者尝试将诸种谬误进行厘清，以期对教师的朗读教学实践和学生的朗读学习行为提供一定的理论支撑。

从朗读学视域来进行审视，小学语文教学中的朗读行为可能存在如下误区或谬误：

谬误一：表演的错位

在小学语文朗读教学中，教师常会设计好玩的活动，让学生在有趣的情境中角色自居，演一演，在角色扮演中揣摩体会朗读中的语气和情感。

相对于传统课程来说，情境中的角色扮演是一种更为开放的学习方式。但是，活动本身并不是目标，只是一种方式而已，只有活动的课程，在热闹之余，教学收效甚微。所以，只有活动有趣且落到实处的课程才是好课程。就朗读教学而言，"表演"是帮助学生更好朗读的手段。但是很多时候，情境的设置和课堂环境的塑造使得朗读学习目标移位，"表演"对"朗读"喧宾夺主，学生收获不多。

笔者迈入教师生涯的初期，就曾误入这样的教学泥潭：课堂上学生表演十分生动，学习气氛热烈，然而热闹过后，能力学习却无着落。朗读训练如同"水过地皮湿",学生究竟学到多少,实在难以道明。

以部编版一年级上册《比尾巴》这一课为例:

比尾巴

谁的尾巴长?

谁的尾巴短?

谁的尾巴好像一把伞?

猴子的尾巴长,

兔子的尾巴短,

松鼠的尾巴好像一把伞。

谁的尾巴弯?

谁的尾巴扁?

谁的尾巴最好看?

公鸡的尾巴弯,

鸭子的尾巴扁,

孔雀的尾巴最好看。

《比尾巴》的课文采用了极富韵律感的问答形式。学生通过各种形式的朗读,可以在学习中认识生字、读通句子、会读对话,体会儿歌中的声韵之美和盎然趣味。当时,笔者的课堂上,学生穿戴着自己设计的尾巴服,在课堂上积极地角色扮演朗读。然而,由于笔者未能意识到学习中"朗读"的中心地位,亦未对学生做要求提示,学生对文本的朗读成了演绎式表达,于即兴处改变文本内容,破坏了原文整齐的韵律,降低了对文本的忠实度;表演的冗余挤压了课堂时间,推进时无暇顾及具体的词句指导,学生无法在"长""短""一把伞""弯""扁""最好看"处咀摸玩味,未能想象具体的画面并读出自己的个性化理解。简言之,表演喧宾夺主,朗读被迫退位。

活动流于形式，活泼的课堂变成了"表演课"，这实际上是学生课堂收益值的无形压缩。关于这种舍本逐末的课堂教学误区，《追求理解的教学设计》中指出："在学生完成整个学习任务过程中，如果教学设计没有突出强调清晰的目的和明确的表现性目标，那么学生无法做出令人满意的反馈。""以活动为中心的课程缺乏对存在于学习者头脑中的重要概念和恰当的学习证据的明确关注。学生认为自己的任务只是参与，认为学习只是活动，而不是对活动意义的深刻思考。"①

也就是说，目标意识的缺失，错把教学过程当结果，会使朗读教学的学习目的暧昧不明，学习成效诉诸偶然。

所以，朗读教学必须回归"朗读"本身，以"终"为"始"。何谓"终"也？"终"是指"朗读教学"而非"课堂表演"才是最终的落脚点，学生的朗读水平在课堂学习后有显著的提高。何谓"始"也？"始"是指，教师在授课一开始，就要将朗读的标准作为学习证据评估的标准，心中有一把评估的尺子，这样在课程实施中，教学活动就不会跑偏，一切都指向学习目标"朗读能力"的落实。这样的"以终为始"，可以避免课堂学习的"浮云遮望眼"，切入中心，直击目标。

除了明晓朗读自身的标准，我们也应该从"朗读学"这一学科视域来看朗读行为。这一视角可以帮助我们厘清朗读和表演等其他艺术语言形式的边界。关于"朗读"的界定，国内朗读研究的专家们有非常成熟的论述，我们有必要仔细梳理一番。

我国朗读学前辈徐世荣先生在《朗读·默读·背诵》中提到了在课堂教学语境中朗读的标准：

"（学生）如能把课文读好，读得自然、流畅，把书面的变为口头的，就说明已经了解，已经能够运用了。教师、学生的朗读，完全不需要眼神、

---

① ［美］格兰特·威金斯、杰伊·麦克泰格《追求理解的教学设计》第16页和第17页。

手势，更不需要什么面容、体态。只要注意运用声音，把原作读好，忠实地发挥原作的精神，用声音表示出原作的语言运用、修辞手法、文章结构，体现作者的意图，达到教学目的，这就行了。"①

在著作中，徐教授特别提到了朗读的朴素性，他认为朗读应避免声音表达的夸张和朗读中的过分表演，反对朗读中的"话剧腔"和"舞台腔"。需要指出的是，在徐教授的学术框架中，"诵读包括朗读、默读、背诵三种形式"②。也就是说，朗读是"诵读"中的一个组成部分。

张颂教授师从徐世荣教授，并在徐先生的基础上，将"朗读"从"诵读"体系中独立出来，创立了"朗读学"这一学科，并对它有了更深刻的研究。这里，我们会借用张颂教授研究中的一些专业性概念来说明朗读的特性。他肯定了徐先生朴素的朗读观，继而提出了朗读语言"规整性"的概念，即"声音形式规规矩矩，工工整整，严密恰切，朴实无华，去粉饰，无虚夸，少做作，不浮飘，蕴深意，重分寸，出庄重，显从容"③。具体来说，就是要在朗读中注意：

1. 朗读的语速适宜：词语的"疏密度"④适中，不宜过疏、过密，朗读输出均衡协调。

2. 朗读的语势合宜：起伏自然，峰谷有致，不会忽高忽低，邻句转换不突兀怪诞。

3. 朗读的节奏平稳：不同朗读部分的节奏不宜出现天壤之别。

4. 朗读的音色自然：不超越朗读主体的实在声音范围，"不能忽尖忽粗、忽亮忽沙，也不宜大声呼吸、又哭又笑，更忌抖音、滑音、炸音、疙瘩音"。⑤

为何朗读要追求这样的朴素？究其目的，就是要突出文本内容的主位，

①　徐世荣《朗读·默读·背诵》第6页。
②　徐世荣《朗读·默读·背诵》"说明"页。
③　张颂《朗读学》第46页。
④　张颂《朗读学》第46页。
⑤　张颂《朗读学》第46页。

因为"在课堂教学中，在学术交流中，表演的效果，远不及朗读那样，使人专注于作品内容，远不及朗读那样，使人专心于语言体味"①。

所以，朗读的"规整性"，不求与实际生活的"形似"，而求表达中的"神似"；要求朗读表达的匀称均衡，不求观感的强烈刺激。这恰似中国画中的"写意"：无须"工笔"，不必写实；数笔点染，风貌即出。

在此论述基础上，张颂教授将朗读和其他的艺术语言进行了边界界定："朗读语言的规整性，与朗诵语言的吟咏性、话剧语言的夸张性、电影语言的自然性、相声语言的诙谐性、评书语言的描摹性、播音语言的明晰性、教师语言的讲解性，可以说是'八仙过海，各显其能'。"②

在张颂教授"朗读学"学科视野的基础上，窦桂梅结合小学语文朗读教学实际，又对语文朗读教学中的"朗读"行为进行了新的界定。她灵活地窄化了张颂教授的"朗读"概念，并将朗读的对象视作"现代诗词散文等白话文体裁"③，至于"吟诵"，她认为则是针对小学语文教材中的古代诗词和文赋部分，并将"朗读"和"吟诵"合称为"诵读"。④

三位专家学者的研究角度各不相同，各有建树，但无论哪一种理论，都强调了朗读的朴素性，廓清了朗读和其他语言艺术形式的边界。所以，教师在朗读教学中，也应该尊重朗读的朴素性。

那么，朗读的朴素性意味着朗读千篇一律吗？非也。朗读者各有自己的理解，对文本的洞见各有不同，不会如出一辙。既然解读如此多样，那么朗读的朴素性又是可能的吗？确乎如此。诚然，不同的朗读者对同一篇文本会有不同的理解。在朗读中，朗读文本的丰富内蕴和朗读主体的文本阐释会进行角力，两者的博弈最终形成了属于朗读者自己的朗读风格。然而，不同朗读者的风格不会谬以千里，因为朗读行为总是建立在尊重文本的逻辑内蕴和

---

① 张颂《朗读学》第 183 页。
② 张颂《朗读学》第 47 页。
③ 窦桂梅《跟窦桂梅学朗读》第 4 页。
④ 参见窦桂梅《跟窦桂梅学朗读》第 4 页。

作者的情感价值基础上的。

朗读的朴素性意味着在课堂上不能再使用"表演"的教学形式了吗？此亦非也。儿童是天生的表演者，"表演"也是非常重要的学习形式，有助于体会朗读文本的内蕴。只是，在课程实施中，教师心里务必清楚，"表演"乃辅助手段，服务于理解文本，体会感情；并将朗读"朴素性"的价值观清晰地传递给学生，教师、学生心里都明白何为朗读。唯有如此，朗读教学才不致滑向热闹表象下的虚空和朗读习得的缺位。

尊重朗读，就要遵从朗读的庄重朴素性，做克制的声音朗读者，拒绝主观演绎夸大，让声音静静地讲述文本自己的故事。

谬误二：技巧的越位

如果说，小学低学段的朗读课堂容易出现"表演的错位"谬误，那么中高学段的朗读课堂则容易出现"技巧的越位"谬误。

中高学段的学生，尤其是五六年级的孩子，经过足够的朗读训练，朗读水平已较为娴熟，有些学生甚至可以模仿老师进行绘声绘色的表演。然而，这其中的"绘声绘色"或许已滑向了技巧性的一端，是出于对老师范读的模仿和一种"技巧性熟练"。

当然，这是学生语感能力的体现，对这种技巧的驾驭本身还是很难得的，应该予以肯定。但是，这种技巧性熟练少了些真诚，多了些套路：技巧式亢奋，模式化悲愤，抽象化爱国，空洞化友善……这些，是我们在朗读中似乎常能"听"出的感受。这些单调的表达方式，不免有些许圆滑油腻之感，让人蹙额。

那么，问题出在哪里？问题在于，学生对于文本内蕴的挖掘欠缺深度。通俗地说，他并不明白他口中所朗读的内容实际上有多么深刻，他的文本认知限制了他的理解力和想象力，他在朗读一些他自己并不懂的内容，因此，他调用了以往的类似经验用以应对此次朗读，以所谓的"不变"来应"万变"，这就导致了朗读与内容的"间离"①，形成了朗读"千文一面"的困局。这种"太会朗读"，实际上还是"不会朗读"，是一种低层次的朗读。

以部编版五上第12课《古诗三首》中的《示儿》和《题临安邸》为例，两首诗主题相近，但是朗读时要有所区别。《示儿》是南宋诗人陆游临终前写给儿子的诗，在其中表达了对收复失地的强烈渴望。在《题临安邸》中，同一朝代的诗人林升表达的则是对南宋政权偏安一隅、耽于享乐的愤慨。两首诗虽然都是家国情怀主题的诗作，但是朗读的时候却有不同。在《题临安邸》中，林升看到西子湖畔的歌舞升平，再看此时国家的分裂，心中意难平。歌舞几时休的烦乱之感，对统治者耽于安乐的激愤不平都在诗中直接写了出来，情感的烈度更高，力度更强。《示儿》是以诗传志，诗中有"死去元知万事空"的苍凉，有"但悲不见九州同"的悲痛，有"王师北定中原日"的强烈期望，还有"家祭无忘告乃翁"的絮叨之感，除了有身为赤子的悲壮沉痛之外，还有作为父亲的欲说还休，沉郁中见绵长，悲凉中见温情，情感更加丰富细腻一些。由于两首诗士子和父亲身份的不同，在朗读上还是要有所区别，不可等而视之。

但是，定型化的朗读，在小学朗读行为中并不少见。窦桂梅指出小学语文课堂上教师朗读引导和学生朗读的"格式化"：

"请带着愤怒的感情读"；

"请带着高兴的心情读"；

"请你把这个词的重音读出来"；

"这里读得要轻一些，那里读得要重一些"……②

这样读的问题，不是在于这样读不好，而是在于，学生并不尽然明晓，从文本何处体会到"愤怒""高兴"，为何此处是重音，为何彼处要弱读。故此，学生的朗读只知其然，不知其所以然；教师虽授之以鱼，却未授之以

---

① 此处"间离"取词之本意"间隔疏离"，与布莱希特的"间离效果"理论（Defamiliarization Effect）无涉。

② 窦桂梅《跟窦桂梅学朗读》第13页。

渔，学生并没有看到文本背后丰富深广的意涵所在。

这种"千文一面"、漠视文本独特性的朗读，窦桂梅将之称为"八股式"朗读，具体说来，就是"刻意追求声音的形式，忽略不同文本的特质，朗读缺乏变化，缺乏生气"。①

那么，这样的情况为什么会发生呢？第一就是文本确实太难，超出学生当下的理解范围，这乃客观事实。若非此因，则是学生主观态度所致，思维有惰性，不肯就文本的丰富性进行挖掘开拓。假若学生能力够得着，主观态度亦尚可，则"八股式"朗读的问题，也许和教师对文本的引导不够到位有关：学生的视线尚未被引入文本堂奥之中，头脑的兴奋区域尚未被激发，思维的火花未被有效点燃，对文本的感知和学习尚未有效发生。

教师在课堂上，或许关于该用怎样的语气朗读教得太多，模式化的朗读教学引导语太多，教师自身不假思索、惯性所致的范读演示过多，让学生潜意识里以为，竟有所谓的现成套路可言。对于这种模式化的朗读教学，苏联语言学家和教育家阿达莫维奇和卡尔斯卡娅指出：

"教师们往往一般地要求'带有感情地朗读'，而不关心学生是否已懂得这种感情，读物的文字是否已引起了他的这种感情。朗读中的感情，也如在生活中一样，只有当它真正存在于朗读者或说话人本身时，才能流露于音调之中。假定强求表现朗读者实际上不存在的感情的音调，就会造成虚伪的热情，捏造的腔调。"②

两位研究者所指出的，就是朗读中僵化的、模板化的表达现象。他们特别提醒：孩子可以学习教师的范读，但是不可单纯模仿老师范读的口气，因为成年人是按照自己的理解和感觉来朗读的，而这种朗读感觉和孩子的朗读体验有本质上的差别：这种差别并非仅仅是年龄上的差别，更是以儿童的成长特点为条件的。③

---

① 窦桂梅《跟窦桂梅学朗读》第18页。
② ［苏］阿达莫维奇、卡尔斯卡娅《小学表情朗读》第5页。
③ 参见［苏］阿达莫维奇、卡尔斯卡娅《小学表情朗读》第28–29页关于学生模仿范读的相关说明。

所以，对于小学语文教师来说，朗读教学的重点，不是这样的朗读应该呈现什么样的语音外衣，而是学生自己是否理解文本中丰厚的意涵内蕴，他自己对于这个文本又有着怎样独特的解读和表达，更是去教会学生自主挖掘文本表达内蕴、语音传达个性化解读的方法和能力。因此，两位苏联专家指出，在朗读教学中，"教师向儿童所提示的不是声调，不是方式，而是取得表达力的钥匙：想象形象，提出自己的个人体验，自己在类似情况下的行为"[①]。

当朗读教学破除形式主义的外壳，指向鲜活的理解本身，朗读就焕发出新的生命，读出文本的丰富性，读出作品的"内在语"[②]，读出弦外之音和言外之意。

那么，如何让学生获得对朗读文本的真正理解呢？阿达莫维奇和卡尔斯卡娅在《小学表情朗读》中有非常专业的论述。此书虽是20世纪50年代的作品，但是很多观点现在来看仍然具有启发意义。此处不再赘述，只是对其提出的方法做一总结：在朗读教学中，教师无论是分析作品，还是进行范读，都需要让学生说出他们在朗读中听到的，并在学生自己的理解中纠正不恰当的朗读，丰富他们对文本的朗读表达。

简言之，学生只有真的看到一片海，才能为外人道出它的汹涌澎湃。

谬误三：角色的缺位

朗读，实际上是一种交流，确切地说，是一种"间接交流"，因此，朗读者应该具有"角色"意识：一方面，朗读者的朗读身份和朗读文本的内容决定了他朗读的姿态；另一方面，朗读活动的对象性决定，朗读者应该意识到自己不是对空而发，而应始终"目中有人""心中有人"。

一方面，朗读者的朗读姿态，和朗读文本的内容有很大关系。文本的特点决定了朗读者的角色感。比如，部编版教材五下第五单元是人物描写单

---

① ［苏］阿达莫维奇、卡尔斯卡娅《小学表情朗读》第 32 页。
② 参见窦桂梅《跟窦桂梅学朗读》第 69 页关于"内在语"的说明。

元，其中选了老舍的《他像一棵挺脱的树》和冯骥才的《刷子李》。老舍和冯骥才两位作家的作品是城市记忆的书写。老舍作为京旗后人，他的作品有着浓厚的京味色彩，刻画了北京城的众生百态；冯骥才的作品则写出了清末民初天津卫的市井风俗。两人的作品都具有北方作品的风格，幽默风趣，是市井风貌的绝佳脚注，但作品风格不尽相同。

冯骥才在他的《神鞭》中对北京、天津两城的语言风格做过说明："天津人说话讲究话茬。人输了，事没成，话茬却不能软。所谓'卫嘴子'，并不是能说。'京油子'讲说，'卫嘴子'讲斗，斗嘴也是斗气。"[1]也就是说，北京话讲究神侃，侃中透着机智活泛；天津话讲究斗气，斗中透着茬味十足。再来看两篇课文。老舍的《他像一棵挺脱的树》选自《骆驼祥子》，其中有很多富有京味的表达，比如"挺脱""一边儿粗""结实硬棒""鸡肠子带儿""'出号'的大脚""杀进他的腰去"等。在朗读这篇课文时，要揣摩这种神闲气定、谈天说地的侃大山功夫。而冯骥才的《刷子李》中，自有一股京味里没有的"斗"劲："别不信！""这回非要亲眼瞧瞧。""完了，师傅露馅儿了。""穿上这身黑，就好像跟地上一桶白浆较上了劲。""你以为师傅的能耐有假，名气有诈，是吧？傻小子，你再仔细瞧瞧吧——"

鉴于两篇文本的文化背景不同，在朗读两篇文本时，朗读者自身的姿态是不同的，一个是置身事外之"闲"，一个是置身事内之"斗"。这两种姿态，是由文本和它背后的内蕴所决定的。

另一方面，朗读是有听众的，朗读者要"目中有人""心中有人"，也就是说，朗读者在心理上要时时处处感受到听众的存在和反应，听众听后是喜还是悲，是苦还是甜。也就是说，要有心理上的"对象感"[2]，不能只顾着自己说，不顾听者的感受，自言自语，自说自话。

---

[1] 转引自张学军《新时期市井小说的美学品格》，《齐鲁学刊》1997 年第 1 期第 31 页。
[2] 参见付程《使用播音教程（第二册）：语音表达》第 117 页。

在小学语文课堂上，会有这种对象感的缺失。这表现在两个方面：

一种缺失，是朗读能力上的不足。比如语速太快，别人听不清楚，或者吐字含混不清，一葫芦全部倒了出来。另一种缺失，是隐性的，却很实际，值得注意：比如；没有意识到要根据听众的人数、场合和身份来调节声量的大小、拿捏语气；或者虽然朗读得很好，但是陷入了自己口若悬河、滔滔不绝的独语状态，将朗读视为单向的输出，没有沟通的意愿，没有意识到听者接受的重要性。这种单向输出，会给听者以"拒人于千里之外"的冷漠感。

实际上，在朗读行为中，文本作者、朗读文本、朗读主体、朗读听众四者之间形成了一种多边互动的关系。朗读主体并非对空发言，仅仅读出文字，他所发出的语音流会在朗读听众耳中引起"筋肉感"[①]，在朗读听众心中激起涟漪，这种反应（心理预期的反应或实际效果的反应）反过来又会影响他后续的语音流走向，这实际上是"反应的反应"了。在朗读行为中，只有"心中有人""由己达人"，朗读行为才实现了它的交际功能。

在小学语文朗读的范畴中来看朗读的这三个误区，可知："表演的错位"是学生对文本进入太"深"，未能冷静朴素地传达作者和文本的实际精神，以主观性表演代替了对文本的客观呈现；"技巧的越位"是学生对文本进入太"浅"，未能透彻深入地理解作者和文本的具体意涵，以格式化朗读代替了对文本的个性解读；"角色的缺位"是学生对朗读认识不"通"，未能双边互动地完成自己与听者的交际链条，以单向度朗读阻断了对朗读的交际实现。

朗读，实际上就是"内明于心，外达于人"，不仅让文本内蕴明晓于心，还要在朗读中将理解与体验送达他人，以飨听者。如果说，前两个谬误

---

① 参见张颂《朗读学》第 201 页。"筋肉感"一词来自朱光潜，见于《形象思维：从认识角度和时间角度来看》。他认为筋肉感指的是音乐、诗歌等"时间艺术"中的节奏感，节奏的抑扬顿挫给人带来一种筋肉上的感觉。张颂教授在《朗读学》第 201 页中指出，这种"筋肉感"不应仅指朗读者自身的，更指的是听者的："朗读，主要应引起听者相应的筋肉感觉，不可满足于自我的筋肉感觉，否则，就会大大降低朗读的社会作用和美学价值。"

是朗读未能"内明于心",第三个则是未能"外达于人"。

在小学朗读教学中,只有"内明于心",才能走出个人褊狭,忠实原作,从"我"走进文本深处;也只有"外达于人",才能脱离个人处境,关怀他人,从"我"走向普罗大众。这是朗读教学之旨归,更是人类存在之意义。

北京亦庄实验小学　田冰婉

参考文献:

［1］［美］格兰特·威金斯,杰伊·麦克泰格.追求理解的教学设计［M］.上海:华东师范大学出版社,2017.

［2］［苏］阿达莫维奇,卡尔斯卡娅.小学朗读表情［M］.上海:北京大众出版社,1955.

［3］张颂.朗读学［M］.北京:中国传媒大学出版社,2010.

［4］张颂.朗读美学［M］.北京:中国传媒大学出版社,2010.

［5］徐世荣.朗读·默读·背诵［M］.福建:福建教育出版社,1981.

［6］窦桂梅.跟窦桂梅学朗读［M］.桂林:广西师范大学出版社,2015.

［7］付程.使用播音教程(第二册):语音表达［M］.北京:中国传媒大学出版社,2002.

［8］张学军.新时期市井小说的美学品格［J］.齐鲁学刊,1997(1):27-33.

朗读学视域下小学语文文本朗读谬误浅析（二）

　　格雷厄姆·格林在散文《失去的童年》中说："或许只有童年读的书，才会对人生产生深刻的影响。孩提时，所有的书都是预言书，告诉我们有关未来的种种，就好像占卜师在纸牌中看到漫长的旅程或经由生见到死亡一样，这些书影响到未来。"儿童阅读研究专家吉姆·崔利斯认为，童年读物之所以让人记忆深刻，是因为它常常与出声朗读相联系，听进去的东西才能成为儿童大脑发展的基础。①

　　朗读教学是小学语文教学十分重要的组成部分，朗读能力是小学生语文学习和人生成长的必备素养。关于朗读领域的研究，前人已经有了十分丰硕的研究成果。在此，笔者结合前人的研究积累和自己的工作经验，试论小学生的朗读学习和教师的朗读教学中存在的一些谬误或不足，以期对自身的朗读教学进行理性审视，或从中可悟出精深学理之一二。

谬误一：理智地朗读

　　所谓"理智地朗读"，指的是以旁观者的身份参与作品的朗读过程。既是旁观者，则是以被动的态度参与到朗读中来，无论是对作品情感的体验，还是对作品文脉的把握，都缺乏主动的研究意识，没有真正地融入其中。在

---

　　① 参见吉姆·崔利斯《朗读手册》（第7版）第33页"有什么事能像阅读一样做起来简单却成效显著呢？"这一部分的论述。

朗读推进过程中，由于内心与精神主动参与感的冷漠，就会出现徒有形质、空无神采的弊病。正如朗读学专家张颂教授所言："理智地朗读，即使有时表达出某些词语系列的含意，也是一种偶然的东西，绝大部分词语与声音形式还是两张皮。因为缺乏情感的丰富变化，技巧的运用也成了有形无神的赝品。"①所谓"理智地朗读"，实则是贬义词，真正背离了"理智"之意，非理智朗读之谓也。

在课堂教学中，学生朗读时，理智地朗读是比较容易出现的问题。虽然语音在流动，声音在推进，但是学生对于朗读的文本并无主动参与的意识，语音亦没有在脑海中引起对应的画面形象，听者更未从朗读者的声音中听出朗读者的个性化理解。我们或许可将之称为"不动脑子"的朗读。

究其原因，其实是学生对于朗读的文本并未深入理解，或许教师自身对文本亦缺乏透彻的分析和深入的理解。苏联朗读学专家阿达莫维奇认为："对课文缺乏足够的思想分析，即轻视在朗读中应当传达给学生什么，这是朗读教学最普遍的缺点。同时又认为工作的主要方法就是指出用'怎样的声调'来读课文的某些词句，即要用愉快的、欢乐的，或是相反地，要用悲哀的、凄惨的、恐怖的声音来读，等等。"②在朗读教学中，教师需要做的不只是简单地教学生用怎样的语气去读，而是帮助学生深刻地理解文本，让学生成为文本的阅读者、理解者、参与者和建设者，进而成为真正的朗读者，在与文本的双向互动中读出自己的理解。

谬误二：逻辑的暗昧

如果说理智地朗读是朗读主体积极参与的缺席，那么逻辑的暗昧则是有主动参与之行为，但对朗读文本的把握有偏颇之处。

比如，在部编版第25课《古人谈读书》这一课中，选文三为曾国藩论读书的片段：

---

① 张颂《朗读学》第41页。
② ［苏］阿达莫维奇、卡尔斯卡娅《小学朗读表情》第4页。

盖士人读书，第一要有志，第二要有识，第三要有恒。有志则不甘为下流；有识则知学问无尽，不敢以一得自足，如河伯之观海，如井蛙之窥天，皆无识者也；有恒者则断无不成之事。此三者缺一不可。

在这段选文中，曾国藩首先说明了士人读书的三个要诀：有志、有识、有恒；接着分别论述了有志如何，有识如何，有恒又如何；最后再概言之："此三者缺一不可"。整个段落是以"合—分—合"的方式展开。然而在句式上，"有恒者则断无不成之事"给人一种仿佛要结尾的感觉。语感带来的错觉，让学生在"有志"和"有识"分述结束之处，进行明显的分隔，将"有恒者则断无不成之事，此三者缺一不可"视为一层意思，这种现象就是逻辑的暗昧。这样的朗读，会给听者带来一种困惑，不明白并列的层次是哪几个。

选文首尾两句，均为总说，在文中统领全篇，朗读学中称之为"领属性句子"[1]。为了保持逻辑上的清晰，领属性句子宜与所统领之句保持较长的停顿。所以，在这段选文中，"第三要有恒"和"有恒者则断无不成之事"之处，应有较长时间的停顿，以示区分。

所以，在朗读中，对于语篇逻辑结构的把握十分重要。它决定着语篇中各句之间关系如何，使语篇各部分的朗读如同交响乐一般，各司其职，众音相协。然而，逻辑的暗昧在朗读的课堂上并不少见。除了语篇整体框架逻辑的暗昧，在单个句子中，因为不晓得句子的意思，从而造成朗读谬误的，亦属于逻辑的暗昧。比如：

老吾老，以及人之老；幼吾幼，以及人之幼。

人们常会将之读为"以及/人之老""以及/人之幼"，但实际上，应该读作"以/及人之老""以/及人之幼"，在这里，"以"表示递进，可以理解为"进而"，"及"的意思是"推己及人"。如果不能对文意有正确的理解，那么势必会读错。我国老一辈播音员方明曾在20世纪60年代著名的广播节目

---

① 张颂《朗读学》第 128 页。

《阅读和欣赏》中担任播音员。回顾当年的播音经历，他接受采访时说道："为了朗读好，我们会去学习，去请古汉语专家来讲课，自己买书看、去研究，对自己的提高很大。"①专业播音员既已如此，由此可知，朗读中逻辑之暗昧并非罕见，也不是主观意欲克服就可避免。它需要足量的积累沉淀，更需要持续学习的更新意识。

在小学语文朗读教学中，遇有逻辑艰涩之处，教师应先利用恰切的问题，逗引学生自主发现逻辑之阻塞，于疑难之处因势利导，不愤不启，不悱不发，让学生在主动探究中明晓逻辑链条，获得发现之趣，并以逻辑线为基础，进行朗读教学指导。

谬误三：重音的堆叠

儿童本是活泼的，易于表现自我的。孩子善于朗读，乐于朗读，这种朗读兴趣应该予以大力保护。有时在朗读中，孩子们以情绪激昂之态朗读，以示对文本的情绪把握。以冰心的这首短诗为例：

故乡的海波呵！

你那飞溅的浪花，

从前怎样一滴一滴的敲我的盘石，

现在也怎样一滴一滴的敲我的心弦。

——《繁星》第28首

本诗的最后两句句式相同，语意相对，学生读来时，会把两句做同样强调，在重音上，把"从前怎样一滴一滴的敲我的盘石"与"现在也怎样一滴一滴的敲我的心弦"做同等处理。

乍一看，似乎并无不妥，但是实际读来，会发现不免呆板，落入窠臼。这其中的阻滞不畅之感，有其朗读学依据。在朗读中，有"定向推进律"之说。它指的是在朗读进程中，所有的声音形式并非处于同等位置。在一段完

---

① 高原《朗读教育功能论》第170页。

整的朗读进程中，会有一个内容或情感的最高潮。张颂教授将这个高潮称为朗读进程中的"制高点"。在朗读语流的线性链条中，其余的声音需要将主位让给这个"制高点"，避免喧宾夺主。只有在这种朗读有机体中，思想情感的重点才能凸显，作品中的主旨才能得到更好的表达。张颂教授特别指出："制高点、声音形式的突出点，不应看作'声音最高'的地方，只能理解为重点突出的地方。"①

也就是说，在一段封闭的朗读语流中，"制高点"只有一个。刚才那首冰心的小诗共四句，可以看作是一个完整的朗读进程。在这首诗中，不可能存在两处地位同等的句子，因此，后面句式相同的两句必须选择一处制高点。写这首小诗时，冰心离开了她的故乡山东烟台。作者忆起往昔的白浪拍岩，是为了说明此时对于故乡海波的思念。所以，制高点应为第4句："现在也怎样一滴一滴的敲我的心弦。"那么，朗读时应如何处理呢？记忆中的海潮声，在思念最深处袭来，自是心中情意缱绻鸣咽之时，虽为制高点，却是黯然神伤处，寂寞伤心事，读时宜深沉低回；为了突显对比，第3句"从前怎样一滴一滴的敲我的盘石"宜做语音上的加重，读出记忆中历经时间淘洗却不曾暗哑的惊涛拍岸的清响。这恰如张颂教授所言，制高点非声音最高处。

下面这首诗的语势图可供参考。后面两句宜在明显的峰谷关系对比中，读出记忆中海波的清响与胸臆间心语的低回。

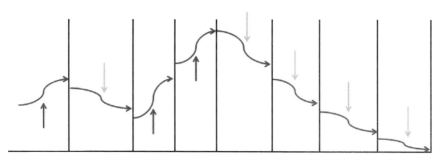

故乡的海波呵　你那飞溅的浪花　从前怎样　一滴一滴的　敲我的盘石　现在也怎样　一滴一滴的　敲我的心弦

---

① 张颂《朗读学》第44页。

所以，在朗读中，不可重音堆叠，不可句句强调。处处是重音，处处无重心。句句是强调，句句无强调。在起伏的语音流中，必有其制高点所在，有时"制高"，恰可通过"低回"来体现。这一点，往往是我们在教学中忽略的。

谬误四：语气的倒挂

这里所谓的"语气倒挂"，是针对"节奏"而言的。

在朗读中，节奏的重要性自不必说，没有节奏，就没有朗读的美感可言。然而，单论"节奏"，容易陷入"一叶障目，不见泰山"的误区。我们需要将"节奏"置于语篇"语气"的大背景之下，在"语气"的底色上考虑节奏。故此，"语气"是大背景，大前提，可以将之称为"语气中心论"①。

"语气中心论"不仅意味着某个句子的语气如何，它更意味着整个语篇的语气贯通。语气，并不是一片叶子，而是数叶成木，众木成林，是一个系统问题。当我们考虑某个句子的语气时，应当想到上下文语境对它提出的要求，它是在整篇流动的语气中所规定的，是篇章语气中的一个乐章，具有大"乐曲"的整体风格，又是大语气下的"变奏"，有其特有的语气色彩，这就是所谓语气的"共性原则"和"多数原则"②：全篇会有一个"共性"的基本语气，"多数"句子在遵从这个基本语气中，又有各自幽微曲折的变化。

就这样，在整个语篇的语气中，每个句子找到自己的语气；在每个句子的具体语气中，节奏、停连和重音找到自己应有的位置。

在小学朗读课堂中，我们很重视节奏，训练得很多，但有时也有忽略语气的时候。我们重视了学生这个句子朗读得是否清晰、准确，却忘记了语意是在怎样的情境下生发出来的，朗读时该有的整体语气该是怎样的。朗读时，并非只着眼于单个句子，而应关注整个朗读文本所传达的情境和取向。关于这一点，王荣生教授在《语文科课程论基础》中指出，我们的语文教学

---

① 张颂《朗读学》第 205 页。
② 参见张颂《朗读美学》第 81 页。

在听和说凸显"交际"的目的性时，"'听'要'领会意图'，'说'要'努力使对方理解'；但是对听与说的场合或场景……还缺乏自觉的界定，因而对所听、所说的取向指引较为含糊"。①虽然这一观点是王教授论及"口语交际"误区时进行的分析，但是它实在切中了我们教学中在"语言表达"方面容易忽略的一点：不同情景与场合中表达的分寸感和场合感。

所以，在朗读教学中，对学生的朗读指导和对重点词句的品读，绝不可单拎出来处理，以为看山便是山。索绪尔在他的"符号理论"中，提出了"能指"和"所指"的概念。"能指"指语言的声音形象，是我们所发出的一段语音流；"所指"是指"能指"所反映的事物概念。我们在朗读教学中，除了引导学生看到文字"所指"的事物概念，更要引导他们，看到"所指"背后的丰富内涵，看到语音形式外衣下更深广的"所指"风貌。具体操作上，就是要让学生的朗读行为置于整体的文本语境之下，理解文本处于何种情境之中，在理解前后文的基础上，以合适的场合感与恰切的语气口吻，进行朗读练习与指导。

这四个谬误，实际上是对文本的理解分析不足所致：或未能洞悉文本的发展脉络，或未能领悟文章的精神情感，或未能对文章做全局性把握，或教师引导有所疏漏，或学生理解未能跟上。然而，这并非嗔怪之语，因为就算对教师而言，深入透彻地理解文本绝非易事，亦非一日之功；何况学生本身的理解能力亦有上限，有些道理非能当下全然了悟。再者，朗读文本本身有其开放性和未完成性，有些内涵是在与朗读主体的互动中生成的，学生、老师对文本的内容解释仍有一定的生成空间，未有百分之百的定论，也未有百分之百的正确。

《史记·孔子世家》有云："虽不能至，然心向往之。"虽然朗读行动研究非一日之功，却是值得向往的美好之境。作为小学语文教师，若要规避以上谬误，则当以朗读教学为艰深跋涉之功，以止于至善之精神和锲而不舍

---

① 王荣生《语文科课程论基础》第156页。

之毅力，钻研其中，如切如磋，如琢如磨：以积极主动的意识参与文本的研究，克服理智朗读之惰性；以细致周全的态度爬梳文本的脉络，逾越逻辑暗昧之障碍；以理性客观的精神探索文本的语势，摒弃重音堆叠之流弊；以高屋建瓴的角度把握文本的情境，掌控全篇语气之大局。

教师目之所及，手之所指，乃学生视之所至，步之所履。教师有意识地引导规避这四种谬误，在全局把握和整体视野中审视文本，学生便会在朗读中予以注意，渐渐改进。路漫漫其修远兮，上下求索，必有切近之日。

北京亦庄实验小学　田冰婉

参考文献：

［1］［苏］阿达莫维奇，卡尔斯卡娅.小学朗读表情［M］.北京：北京大众出版社，1955年11月第2版。

［2］［美］吉姆·崔利斯.朗读手册［M］.北京：新星出版社，2016年7月第1版。

［3］张颂.朗读学［M］.北京：中国传媒大学出版社，2010.

［4］张颂.朗读美学［M］.北京：中国传媒大学出版社，2010.

［5］王荣生.语文科课程论基础［M］.北京：教育科学出版社，2014.

［6］高原.朗读教育功能论［M］.北京：中国传媒大学出版社，2018.

"读"之策略

E 时代下培养小学生朗读能力的六种策略

《义务教育语文课程标准（2011年版）》在"课程基本理念"第三点"正确把握语文教育的特点"中强调"尤其要重视培养良好的语感"；在"具体建议"第二点"关于阅读教学"中强调指出"各个学段的阅读教学都要重视朗读。古诗文要求学生诵读"等。如今，尽管绝大部分学校在进行语文能力检测时，并未将朗读的考查列入其内，但朗读的重要性已经受到越来越多教育者的关注和重视。

E时代下，教育教学形式也随之不断变革。而面对纷繁复杂的网络时代与日益增长的朗读需求，运用E时代的网络优势去探究一些朗读的新方法新策略势在必行。

近两年，我们工作室依托北京市教育科学"十三五"规划2018年课题"E时代下培养小学生朗读能力的策略研究"探索出了E时代下培养学生朗读能力的六种策略，简介如下：

一、课上借助视听媒介助力学生朗读，增强朗读效果

课堂上运用合适的视听媒介，能有效拉近学生与文本的距离，为学生

的想象创设情境，为学生的朗读插上翅膀。在运用视听媒介时，应本着科学性、多样性、针对性等原则，让视听媒介丰盈学生的朗读。具体运用时须关注以下策略：

（一）明确学生朗读的"难"点，才能对症辅之以合适的音频、视频等，创设想象的情境。如在教学一下《池上》时，对于北方长大的孩子而言，"采莲"与"浮萍一道开"等画面都远离孩子的生活实际，学生想象起来有难度，落到朗读上自然存在困难，此时跟进合适的多媒体，从视听上让孩子体会到小娃采莲的"趣"，帮助学生克服朗读的难点。

（二）视听媒介的选择要契合学生的年龄特点和心理需求，对于低学段的孩子而言，富有童趣、轻快的音频、视频更容易吸引学生的注意力；对于中高学段孩子而言，视听媒介应少而精，设计引入突破朗读难点的音频、视频等。如在教学四年级上册第一课《观潮》时，如何让学生读出潮水的声势浩大感觉，可以先让孩子们观看钱塘江大潮的视频，然后配上带有潮水奔腾声效的音乐让孩子们去入情入境地朗读，势必起到很好的烘托效果。

通过借助视听媒介，学生的朗读效果越来越好！

二、课下练读借助教师朗读示范音频，强化朗读规范

课下练读是重要的提升朗读兴趣的手段，有别于固定的上课时间，课下时间更为宽松，且课后上传语音作业需要借助于手机、平板电脑等电子设备，使得学习渠道更加广泛，同时也容易得到家长的配合，形成促进学生提升朗读兴趣的良好氛围。正因此，教师的正确示范就显得尤为重要。在本课题研究中，教师的正确示范除了通过课堂上教师、学生和语音范读这条传统途径之外，课题组成员还通过采取课下上传教师或学生优秀朗读作品到荔枝、喜马拉雅、微信等平台，分享网络范读，以及爬梯朗读App等方式给予学生课下练读提供正确示范。

在本研究中，每学完一篇课文，课题组老师一般都会布置朗读作业。经研究对比发现，经过课堂学习，学生上传的朗读语音极少出现读音错误，而

在研究者采取了课下上传教师或学生优秀朗读作品到荔枝、喜马拉雅、微信等平台，分享网络范读以及爬梯朗读App等方式的课下练读示范后，学生上传的朗读语音会更加流利、有感情，且学生也乐于效仿老师或同学，给自己的朗读配上合适的音乐，朗读越来越美！

三、积极使用语音网络平台共享朗读录音，增加朗读手段

随着教学的进行，发现不同的孩子"读"之间存在很大差距，这一差距不是40分钟的课堂时间就可以缩小的。如何有效地利用时间缩小差距，让孩子多多朗读呢？语音网络平台，为学生的朗读搭建了一个展示的舞台，让越来越多的孩子敢于读、挑战读、喜欢读，所以应该充分发挥语音平台的重要作用。语音网络平台的使用，应本着鼓励性和指导性的原则，辅之以必要的策略，具体实施方法如下：

（一）设计朗读活动带动全班使用语音平台，形成班级朗读氛围。如尝试开展以网络为依托的指向孩子们的"读"的"悦读"宝贝活动，班级里还专门设计了阅读彩虹跑道，阅读正式开始的那一天，每一个孩子都信心满满！大声朗读开始了，孩子们像比赛一样，每天坚持上传自己的读书录音……

（二）充分发挥家庭的作用，形成家庭朗读氛围。学生可以每天坚持在家大声朗读故事，爸爸妈妈帮孩子在平台上传朗读录音或者亲子共读，同时还可以用腾讯文档把朗读内容和时长记录下来。

（三）充分利用公众号语音视频功能，对学生的作品进行发布展示，让孩子们体会到自己的作品被别的小伙伴欣赏、点评产生的期待感和满足感，从而产生持续朗读的热情和兴趣。

无论哪种网络平台的使用，都要充分发挥班级与家庭的力量，让孩子对共享朗读录音产生兴趣，在大数据时代通过多种朗读手段，体会传播、分享朗读的美妙，越读越爱读，越爱越分享。

四、通过语音网络平台及时给予评价，进行朗读纠偏

学生在网络平台上传朗读作品后，教师及时地回应，能激励学生朗读积极性，培养积极的学习态度。

学生在网络平台上传朗读作品，教师根据"小学生朗读量规"从正确、流利、有感情三个维度进行评价。课标中指出，评价学生的朗读，可从语音、语调和语气等方面进行综合考察，评价"有感情地朗读"，要以对内容的理解与把握为基础，要防止矫情做作。教师在评价学生的朗读时，要遵循科学性、鼓励性、指导性、多样性的原则，及时、热情地肯定朗读中的优点，同时中肯地指出朗读中的不足，并根据学生的年龄、心理、性格及学习基础，因人而异地提出具体的改进措施和办法，鼓励学生间互相评价，相互学习和提高。当学生对朗读作品改进后，再次上传到网络平台上时，教师要再次及时地点评，让学生明晓自己的朗读还存在哪些不足之处，以评促读，越读越有感觉。

五、举行线下班级优秀录音分享，增强朗读自信心

除了线上点评指导外，教师也应利用线下时间进行朗读情况分享，例如播放班级学生优秀录音、展示优秀个人主页、个人现场朗读示范、个人现场朗读点评等。在课堂以第三视角"欣赏"同伴的优秀录音和个人主页，能够增强被表扬者的朗读自信心，也能激发同伴的竞争意识，而个人现场朗读示范不仅能够激发朗读者的榜样示范，也能激发同伴的朗读内驱力，从而提升学生的朗读兴趣，增强学生的朗读信心。而个人现场朗读点评还能使学生再次熟悉朗读技巧，避免朗读易错点，使朗读越来越从容。

六、举行线上线下班级朗读活动，提升朗读兴趣

从今年初春季学期开始，受疫情影响，整整一个学期，只能网上教学，课题组老师结合线上学习特点，进行线上朗读教学相关探究。暑期开学后，结合线上的相关活动，进行线下朗读活动的进一步延展。

（一）定期组织"朗读小达人""最美好声音""我是朗读者"等朗读评比活动，可以和学生的朗读评价相结合，根据积分可以评选出周、月、季度的"朗读小达人""最美好声音""我是朗读者"。积极利用网络平台如投票、点赞等功能，激发学生朗读的积极性，在对比评比中，提升朗读能力。朗读评价可与班级内的评价体系相联系，鼓励用心朗读，尤其是朗读有进步的学生，对朗读还需要进一步努力的孩子多一些关心和关注，促使班级整体的朗读水平得到进一步提升。

（二）利用配音软件，组织学生给电影或动画片配音。学生对于动画片或者电影是很感兴趣的，通过自己的配音，能够重新诠释动画片或者电影中的角色，学生是非常兴奋的，这使学生保持了朗读的兴趣，满足了自我发展的需要。

（三）在班级中可以组织班级课本剧或戏剧的展演，在朗读台词的过程中，学生把自己代入角色中，带着自己对于角色的理解，与文本对话，感受人物语言和体会感情，在故事情境中，用朗读诠释角色特点。当然，戏剧演出必定少不了多媒体辅助，背景音乐、灯光音响、舞台效果等都离不开网络的有力支撑。借助这些手段，来烘托台词朗读与朗诵效果，让朗读情感越来越丰满。

通过以上的探索与实践，我们认为借助E时代下丰富多样的交互平台，开展朗读教学是必要的，也是可行的。我们初步探究出的这些策略对于老师和同学及家长来说，是简单明了、易于操作的。这里只是进行六种策略的概述，具体到不同年段的具体朗读策略，在后面的文章中会次第阐述。

此专刊中文章均系北京市教育科学"十三五"规划2018年课题"E时代下培养小学生朗读能力的策略研究"课题成果（课题编号：CDDB18289）。

E时代下如何合理利用互联网平台提升小学生朗读兴趣

在小学语文教学中，朗读是非常重要的一个学习目标，也是小学生学习语文的一条重要途径。从古至今，大家们都极其重视朗读。我国宋代理学大家朱熹就主张：凡读书，需要读得字字响亮，不可误一字，不可牵强暗记。而且要"逐句玩味""反复精详""诵之宜舒缓不迫，字字分明"。叶圣陶先生也曾说过："阅读教学总得读。"

网络如此发达的当今社会，小学生的信息接收能力越来越强，获取信息的途径也大大增加，这就要求教师与时俱进，不能仅依赖于传统教学方式，要充分利用网络资源，及时更新教学方式，激发学生内在朗读动力，提升朗读兴趣，使小学生的朗读能力得到提升。

一、互联网朗读平台

朗读中的互联网平台资源是指教师借助互联网平台开发出来的一些App，利用其语音、录音等有声功能，记录小学生的朗读情况，教师对其录音进行评价指导，并结合量化评价和激励，提升小学生的朗读兴趣。总而言之，朗读中的互联网平台资源旨在辅助小学生的日常朗读教学，从而提升小学生的朗读兴趣。较为常用的互联网朗读平台App有荔枝FM电台、喜马拉雅FM电台、QQ语音功能等。

二、互联网朗读平台的优势

（一）小学生心理特点

小学生正处于人生的初始阶段，对外界事物具有强烈的探索欲和好奇心，他们对新鲜事物的接受度高于成人，饱含热情。他们能更快适应并接受新兴事物，也更愿意通过表现自我获得外界的肯定和赞扬。

（二）朗读中的互联网平台资源的优势

互联网朗读平台与传统朗读平台相比，它的设计更丰富、更具吸引力，满足了小学生强烈的好奇心和探索欲。另外，互联网朗读平台上手简单，操作便捷，方便教师和学生及家长使用。朗读录音的云储存功能让小学生朗读的开放度更高，不仅教师家长能反复聆听，更多希望聆听录音的同学及朋友也可以通过关注个人页面打开他的所有录音，满足了小学生希望获得肯定和赞扬的需求。

三、互联网朗读平台操作原则

（一）充分利用互联网朗读平台，发挥优势

随着社会进步和网络发展，朗读中的互联网平台资源具有传统朗读平台无法比拟的优势，它内容丰富、操作便捷、开放度更高。教师在日常朗读教学中就要用其所长，最大限度地发挥互联网朗读平台的优势，提升小学生的朗读兴趣和水平。

（二）合理利用互联网资源，注意规避网络诱惑

小学生正处于人生的初始阶段，其心智发育尚未成熟，容易受到外界的诱惑和影响。而互联网平台纷繁复杂，具有信息量大、信息杂等特点，所以小学生在使用互联网朗读平台时最好有老师或家长的监管，注意规避网络上的不良信息和诱惑。

（三）结合量化评价和激励，提升小学生朗读兴趣

量化的评价和激励，即运用多种手段对小学生线上朗读进行科学的量化评分，并结合线下的适当激励措施，通过积分排名、奖励等方式使学生获得

自我肯定、产生竞争意识，从而激发小学生的内驱力，提升小学生的朗读兴趣和水平。

四、互联网朗读平台操作办法

现在网络上互联网朗读平台较多，但功能内容实质大同小异。本文以荔枝FM电台为例，向大家详细说明朗读教学中是如何利用互联网朗读平台进行操作的。

（一）朗读选材合理，富有挑战

朗读教学是语文学习的一个重要目标，贯穿于语文学习始终，所以朗读练习的文本应以语文课本为主，长度和难度要根据学生的学段和班级学生的具体学情而定。另外，朗读练习的文本还可与阶段性学习主题、晨诵主题课程等相链接，让学生的朗诵练习文本丰富多样起来。对于一些朗读水平较好的学生来说，教师还可以加大文本长度和难度，或在朗读情感方面提出更高要求，使文本更具挑战性。

（二）家校协同，共促进步

使用互联网朗读平台进行朗读训练不同于传统朗读训练，需要学生借助电子设备进行朗读练习，上传录音。所以借助互联网朗读平台的朗读训练一般多以家庭作业的方式布置给学生。一方面，小学生年龄尚小，自控力和分辨是非的能力还未完全发展，需要家长进行有效监督；另一方面，对于绝大多数学校来说，向每一位学生提供电子设备进行教学需要投入大量资金，就中国目前教育资源配置来看是不现实的。所以使用互联网朗读平台进行朗读训练就需要教师在校及时对文本的朗读重难点进行指导点拨，家长在家对学生电子设备的使用进行辅助监督，家校通力合作，让学生高效高质量地完成朗读训练。

（三）教师要及时跟进量化评价和激励

无论是线上还是线下的朗读训练，想让学生长期坚持并且热爱朗读，教师就要及时跟进量化评价和激励。

1. 线上评价

目前，市面上互联网朗读平台的功能已开发得十分齐全，以荔枝FM电台为例，打开软件登录后即可看到关注用户、获得积分、收获粉丝等功能，教师可以选择定项、定期记录小学生的关注量、积分及粉丝量，利用这些功能辅助线上评价，这样不仅可以增加学生朗读的成就感，也可以将学生的朗读情况量化，方便教师进行终结性评价。

2. 线下评价和激励

学生的学习生活主要是在学校展开。除了线上评价，教师应利用学校时间对学生的朗读进行班级评价。例如播放班级学生优秀录音、展示优秀个人主页、个人现场朗读示范等。朗读评价还可以与班级日常评价相结合，以赚取级币、获得印章、获得积分等形式，将朗读评价作为班级的一项评价内容列入班级总评。根据学生阶段性的朗读情况，教师要定期总结激励，利用奖状、班级超市、学生特权等小学生喜欢的激励方式对朗读较好的学生进行表彰。但要注意的是，教师的最终目的是提升小学生的朗读兴趣，所以教师在评价和激励时，不仅要表彰朗读较好的孩子，同时也要关注到那些阶段性进步较大的学生。

五、结语

朗读是语文学习中极其重要的一项内容，尤其在互联网高速发展的今天，教师更应该与时俱进，根据小学生心理特点，利用互联网资源方便、快捷、开放度高等优势辅助教学。但同时，小学生身心发展还未成熟，容易受到网络诱惑，教师也应提醒学生注意规避网络诱惑。

具体操作时，教师要根据学生朗读水平选定文本，并对重难点进行指导。因学生年龄尚小，学生在使用App时需要家长进行辅助监督。想让学生持之以恒地坚持朗读训练，教师的评价和激励必不可少。教师要不断跟进，从线上和线下两方面对学生的朗读进行评价，对班级朗读水平高、进步较大的学生进行表彰，激发学生的朗读成就感，从而真正提升小学生的朗读兴趣。

北京亦庄实验小学 王颖

E 时代下激发小学生古诗词朗读趣味的多途径探索

——以居家学习为例

【案例背景】

2019年新冠肺炎疫情期间，日本捐赠物资上的古诗词留言"山川异域，风月同天""岂曰无衣，与子同袍"等引起了专家学者乃至社会大众对于语文教学中古诗词教学的反思。一时间，各大公众号平台关于"武汉加油""中国加油"和以古诗文为代表的口号孰优孰劣的辩论可谓异彩纷呈。

潘新和在《潘新和谈语文教育》一书中提出"一体两翼"的观点，认为"一体"是语文教学基础平台，包含"海量阅读、记诵经典、写读书笔记"，尤其提出"读必经典（文言文为主），不求甚解，记诵为佳"。孙洙在《唐诗三百首》序言中写道"熟读唐诗三百首，不会作诗也会吟"。苏轼在《送安惇秀才失解西归》中指出"旧书不厌百回读，熟读深思子自知"。不同时代的三位名家，均道出了记诵经典，尤其是古诗文的重要性。

翻看《义务教育语文课程标准（2011年版）》，关于诵读的要求和建议也是一以贯之。

学段	目标和内容	教学建议	评价建议
第一学段 （1～2年级）	诵读儿歌、儿童诗和浅近的古诗，展开想象，获得初步的情感体验，感受语言的优美	有些诗文应要求学生诵读，以利于丰富积累、增强体验、培养语感	诵读的评价，重在提高学生的诵读兴趣，增加积累、发展语感，加深体验和领悟。在不同学段，可在诵读材料的内容、范围、数量、篇幅、类型等方面逐渐增加难度
第二学段 （3～4年级）	诵读优秀诗文，注意在诵读过程中体验情感，展开想象，领悟诗文大意		
第三学段 （5～6年级）	诵读优秀诗文，注意通过语调、韵律、节奏等体味作品的内容和情感。背诵优秀诗文60篇（段）		

由此可见，关于古诗文的诵读教学，在整个小学阶段都占据着十分重要的地位，因其承担着丰富积累、增强体验和培养语感的重任。

【案例描述】

那么，如何激发学生居家学习期间的古诗词朗读兴趣呢？俗话说"巧妇难为无米之炊"，在用古诗词玩出花样之前，还得侧重古诗词的积累，做到量中取胜。

一、古诗词积累，量中取胜

充分利用每天早晨30分钟的晨诵时间进行古诗词的积累。素材来源于寒假之前发到学生手上的《必背古诗129首、拓展古诗30首》，这些古诗由业界权威人士整理而得。利用小学生超强的记忆力和早晨清醒的时光进行背诵积累，最终指向海量阅读，多多益善，不求甚解，记诵为佳这一目标。

二、古诗词激趣，玩出花样

当学生的古诗词积累达到一定程度时，是时候考虑玩出花样展示他们的积累成果了。

（一）"飞花令"中展诗意

《中国诗词大会》上的"飞花令"是学生非常喜欢的一个环节，在展现学生的古诗词积累成果时，玩转"飞花令"当然是不二之选。经过审慎思考，在班级群中，将每周三的早晨定为固定时间，开展"飞花令"活动，比如常见的"风、花、雪、月"这些主题词就涵盖大量的古诗。主题词由我或者学生推选，须说明推选理由，提前一周公布，其他学生可以根据主题词进行有意识的归纳积累。在每周三的早晨，学生会将自己背诵的涵盖相关主题的诗句语音上传，我根据学生上传的语音进行总结反馈。

在玩转"飞花令"的路上，学生真是乐此不疲！

（二）巧用资源考考你

"诗词大会50句挑战"是我在网上找到的一个链接，这个链接里涵盖了50句常见的古诗词。打开链接，学生就可以进入答题模式了。这个链接设计得最精妙的一点是，每道题都是随机出现的，如果选择重复答题，第二次答题跟第一次答题每道题的顺序不一样，这样学生在参与答题的过程中又巩固了积累。因为他们的积累在应付这些试题时绰绰有余，因此很多学生在答题时兴致盎然，纷纷秀出自己的战绩。

http://shici.qingfengjiangshang.com/mytest/#1587785463806

与此同时，在"停课不停学"的学习单设计上，加入"怪体诗"和看图识别诗句等相关题型，学生对怪体诗进行录音解析，也是创意百出。

（三）诗歌美食遇知己

如果说前面的两种激趣方式还停留在文字游戏层面，那当诗歌遇见美食，绝对可以称得上是世界上最浪漫的事了。古诗词积累是我们一直在要求的，具备基本的劳动素养是我们一直在提倡的。那如何将两者结合起来呢？于是我们举办了一次"当美食遇见诗歌"的班级活动，为自己最喜欢的一句诗配一道菜（为自己最擅长的一道菜配一句诗）。

最后学生呈现的作品真是令人叹为观止！为此我还在我们班级公众号"亦小实验之家"上发了一篇推送，每看一次都让人大饱眼福。

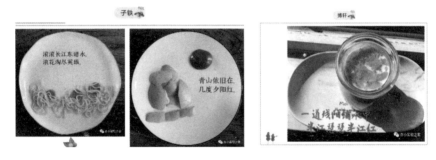

https://mp.weixin.qq.com/s/9UcZGqJuflv39sUMCgjWfw

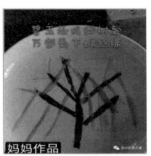

（四）画里画外话诗情

不少人质疑背诵那么多古诗词到底有什么用，《孔子家语·六本》中的"与善人居，如入芝兰之室，久而不闻其香，即与之化矣"这句话也许能给出回答。

一天早晨，一位家长在群里发了一张照片，原意是想大家在赏景之时有美好的心情。未承想，很多小区随处可见的一张照片让某些家长诗兴大发，由最初引用"夜来风雨声，花落知多少""落红不是无情物，化作春泥更护花""零落成泥碾作尘，只有香如故""枕上轻寒窗外雨，眼前春色梦中人""流水落花春去也，天上人间"等等诗句来描述自己感受到的意境，到最后有家长直接创作出"小径花瓣雨，开学遥无期""娃在屋中望，盼云寄相思"这样具有现实感的诗句来。

同样的一张照片，再发到学生群，学生更是兴致盎然，短短几分钟时间，收获几十条语音，学生都想毫无保留地秀出自己的博学多识。

一幅画中蕴含的别样诗情，似乎可以印证丰富的古诗词积累，让我们感受世界的视角更加多元化。

【案例反思】

E时代下，人们联系的渠道更加方便、展示的平台更加多样，即便是相对枯燥的古诗词积累，在群体性的氛围中，学生的内驱力也很容易被激发。

本文案例所做尝试，为居家学习期间，激发小学生古诗词朗读趣味的多途径探索，还在不断丰富其形式。

但在诗歌题材的处理上，针对不同类型的诗歌，我们还须找寻出不同的朗读教学策略。比如：写景诗、怀古诗、边塞诗、送别诗……

在朗读共性问题的处理上，我们还须思考怎样从语速、语调、停延等角度进行多元化训练，培养学生对经典诵读的综合感知能力。

回到教学本身，我们还应以部编版教材为依托，切实关注每一册序每一个单元里的古诗文与其相应单元导语和语文阅读要素的关系，再落实与之相关的诵读教育策略。

北京亦庄实验小学　汪晴

参考文献：

［1］潘新和.潘新和谈语文［M］.江苏：江苏凤凰科学技术出版社，2018.

［2］中华人民共和国教育部.义务教育语文课程标准［M］.北京：北京师范大学出版社，2011.

E 时代下对培养中低年级小学生乐读的研究

一、选题意义

古有"三分文章七分读",时下《义务教育语文课程标准(2011年版)》指出:"各个学段的阅读教学要重视朗读。"朗读教学作为语文教学的基础性环节,在我国语文教育上一直占据举足轻重的地位,语文教育研究者对于朗读教学的探索也从未间断。施茂枝(1997)提到,朗读教学的最高目标是善读,为了实现善读,应该注重培养小学生的朗读兴趣——乐读,以乐读促善读。

二、相关概念的界定

朗读:是把文字转化为有声语言的一种创造性活动,是一种大声的阅读方式,它是小学生完成阅读教育任务的一项重要基本功。

乐读:顾名思义,读者由于自身兴趣而乐于朗读。

善读:施茂枝(1997)指出,善读是朗读教学的最高目标,唯善读才能全面发挥其勾连听说读写、情知意行的多功能。

三、存在问题与研究目标

依据向本校老教师请教所得以及研究者浅薄的教学经验不难看出,语文朗读极易被教师和学生忽视,原因有以下几点:1. 学生由于性格内向、缺乏朗读兴趣或是缺乏坚毅的意志品质等原因对待朗读不积极,缺乏放声朗读的训练。2. 课堂上教师对朗读的重视不足,朗读时间不能保障,或教师朗读能力不足，未给予学生充分朗读示范等导致对学生的朗读指导不足。3. 一些家长忽视了朗读的好处，学生应付朗读作业时未给予及时监管，或未给学生提供良好的朗读环境。

俗话说，兴趣是最好的老师，以上学生的自身问题、教师指导关注不足以及家长监管不够等都会影响到学生的朗读兴趣，朗读都不能得以保障，何谈乐读、善读？因此，研究者希望通过本次研究，从一年级开始培养学生朗读兴趣，形成良好的朗读习惯，从小树立乐读意识。

作为教师，研究者希望通过不断的探索，借助时下的网络，寻找能够提高小学生朗读能力的有效途径和可操作方法。通过帮助学生提高朗读能力，使得学生在读中感知，在读中感悟。以课内乐读带动课外乐读，在读中培养语感，在读中受到情感的熏陶。

四、研究现状

在当今互联网+的时代，把信息技术和新媒体运用到朗读教学，以此来带动学生乐读情绪的探索和尝试开始频频出现。如杨小艳（2018）在其硕士毕业论文中结合了已有的将视听新媒体运用到朗读教学中的探索实践，以喜马拉雅FM为例论述了试听新媒体对朗读教学的辅助作用。又如语文一线教师肖美媛（2017）提到，自己在实际教学中借助电脑图像创设情境，激发学生的朗读兴趣等。笔者作为小学一线语文教师，三年来也对E时代下运用新媒体或信息技术等资源培养低年级小学生乐读做了以下探索。

五、研究对象

研究者所教授的北京某小学2017届（3）班的29名学生。

六、研究方法

行动研究：研究过程中，笔者在本班开展行动研究，实施策略并制定具体步骤，并且随着学生年级的提升不断调整策略，最后进行科学的经验总结。

个案研究：对班级内29位学生进行跟踪分析，利用QQ语音、荔枝App、爬梯朗读App等新媒体收集学生课后朗读作品，进行分析，跟踪观察学生个体朗读能力的变化。

七、研究过程及成果

（一）运用动画、音乐等媒介辅助晨诵乐读

在人一生的发展中，小学阶段是语言发展规范的奠基时期，也是记忆力发展的最佳时期。一年级伊始，我校一年级师生利用第一学期每天早晨20分钟的晨诵时间顺利完成了小学生75首必背古诗的背诵任务。小学生尤其是低年级的小学生注意力不容易集中，且古人摇头晃脑的机械朗读显然是不能照搬到如今的课堂上的，所以如何在20分钟内保持学生的乐读情绪并熟能成诵成为笔者备课的重点。

朱智贤（1993）指出，"小学低年级儿童在朗读和讲述的时候，经常需要图画或具体形象作为支柱，否则描述或想象人物情景就感到困难"。也就是说，小学生在朗读时可以借助图画等直观的事物，刚好大部分古诗的画面感都较强，因此笔者在晨诵教学时较多借助互联网上的古诗动画。一般选取的古诗动画中都会具备如下特点：1. 古诗诵读停顿规范、吐字清晰且有感情；2. 动画图片中的事物与古诗内容一一对应，画面有趣且不单调；3. 一个动画只讲述一首古诗，包含2~3遍该首古诗的泛读；4. 动画时长在2分钟左右，可有较简单的古诗解释。

动画视频会被重复播放：首次播放时，学生只须观看动画情景和倾听朗读内容，无须跟读，此时学生会被动画中的故事情节吸引，并在大脑中构建动画图式。二次播放时，学生被要求边看动画边放声跟读，在读通古诗的同时培养学生的语感。随后，逐一出示动画中截取出的每一小句对应的图片，在教师简单一句话解释之后采用齐读、个读、小组读、男女生分读、反口令练习等多种朗读方式朗读。学生在把每一小句都读熟后，把所有截取的图片

按顺序排好，让学生看图片说古诗。最后一次播放动画时消去原声，学生边看动画视频边背诵古诗。利用动画视频进行古诗教学是笔者较常使用的一种方法，效果也较为理想，根据长期课后抽查显示，全班29名学生中，除语言能力特别弱的2名学生外的27名学生都可以在课堂上达成背诵目标。除动画视频教学外，笔者还尝试将"婷婷唱古诗"运用到《咏鹅》《古朗月行》等音律感强的古诗教学中，学生学唱乐在其中，课间也会不自觉哼唱。

（二）利用荔枝 App 新媒体培养课下乐读意识

张颂（2011）将朗读定义为："朗读，就是把书面上写的语言变为口头上说的语言，把无声语言（文字、文章、文学作品）变为有声语言——更能表情达意的口头活语言。"不难看出，将无声语言变为有声语言的主体只能是朗读者本身，且朗读者可以通过朗读表达对文本内容的理解。课堂40分钟不足以检查每个学生对于课文的理解，同时对于培养学生朗读这一语文核心素养也是远远不够的，这时E时代下的诸如喜马拉雅FM、荔枝App等视听新媒体和QQ、微信等具备语音功能的聊天软件就可以起到助力作用。

笔者在低年级教学时，每节课后都会让学生在荔枝App上上传当天的课文朗读，之后对学生上传的朗读作品从字音、停顿、流畅性和感情四个维度做出综合评价，并挑选出两个优秀作品或者有进步的作品在第二天的课堂上展示。低年级是小学生"好孩子"心理最为繁盛的时期，学生为了第二天能够获得老师表扬，在全班同学面前展示自己的朗读作品而不懈努力。新媒体App除不受空间限制外，还有个好处就是朗读者可以相互关注，听到他人的朗读作品，优秀的朗读者会吸引更多的"粉丝"关注，无形中也激励学生为了"吸粉"而朗读更多的课外文章，起到促进学生乐读、善读的作用。

（三）借力爬梯朗读 App 和激励性评价规范乐读

Cunningham. P（2005）认为，一些家长和老师忽视给孩子出声朗读的好处，以至于学生缺少优秀泛读的输入，极大可能是学生朗读动力不足的原因之一。这无疑在警示我们范读"质"和"量"的重要性。学生发展到小学中段，朗读教学的目的不仅在于习得标准的汉语语言，还在于让学生掌握一定的朗读技巧，最终形成朗读技能。除了正音正字之外，朗读教学的重点还在于让学生习得包括停顿、连读、轻重音、语气、节奏等在内的朗读技巧，而技巧的习得需要模仿与实践。

爬梯朗读App涵盖了小学语文主要版本的课文朗读，采用国家普通话水平测试系统，范读音频不仅字正腔圆而且水准极高，学生可以通过听课文朗读，学习生字字音、体会轻重音的变化、节奏的快慢以及语气等，在潜移默化中学习朗读技巧。除此之外，"爬梯朗读"的好处不仅在于其采用了国家普通话水平测试系统，还在于采用了智能语音测评技术，可以对学生上传的朗读作品进行实时打分，并给出具体、科学的朗读建议，学生可以根据这些具体建议选择重新录制，再次打分，这是视听新媒体不具备的。

笔者在学生三年级时开始使用"爬梯朗读"，学生在每课预习时被要求听课文朗读给生字注音；课文读3遍，最后一遍上传朗读录音，朗读得分75分以上的同学第二天可以获得一枚印章。课文学习结束后，学生会被要求再一次上传课文录音，在经过学习内化之后，学生对文本的理解进一步加深，应把课文这一无声语言变成能够表情达意的口头活语言，朗读得分也会相应提高，所以此次朗读得分在85分以上的同学可以在第二天获得一枚印章，满5枚可以换取一张小表扬信，而小表扬信又与班级的激励性评价机制相结合。基于对于朗读分数的挑战和班级的激励性评价机制，笔者在课后调研时发现，许多学生通过增加朗读次数、揣摩朗读技巧或者增进课堂对课文的

序号	姓名	预习朗读得分	复习朗读得分	分数增长
1	戴子骞	64.31	85.99	21.68
2	樊梓默	83.5	88.43	4.93
3	范悦然	88.65	88.86	0.21
4	韩梓萌	84.82	87.96	3.14
5	郝舒心	87.03	87.64	0.61
6	姜昊	85.46	82.35	-3.11
7	靳梓涵	75.8	86.41	10.61
8	李旭尧	87.28	87.34	0.06
9	李梓墨	65.62	88.48	22.86
10	刘佳昊	58.95	89.27	30.32
11	刘松宁	79.38	85.55	6.17
12	吕硕	67.62	84.01	16.39
13	王怡婷	84.78	87.7	2.92
14	王子天	82.49	88.4	5.91
15	王子心	81.02	86.2	5.18
16	谢羽然	84.47	65.09	-19.38
17	闫可馨	45.07	84.02	38.95
18	殷乐林	62.81	88.27	25.46
19	岳鑫洋	64.91	88.56	23.65
20	张宸彬	83.84	88.58	4.74
21	张高畅	61.44	83.25	21.81
22	张文豪	80	87.38	7.38
23	张霄羽	85.11	88.72	3.61
24	赵新宇	77.47	66.89	-10.58
25	赵宇轩	82.89	88.73	5.84
26	周子闲	86.65	89.8	3.15
27	朱佳颖	77.08	77.74	0.66
28	邹子炀	37.9	84.68	46.78
29	张蒲宸	48.96	58.6	9.64

学习理解等努力后，朗读得分均获得一定程度的提高。例如左边的表格是笔者所教授班级学生在学习《灰雀》一课时，学习前后运用爬梯朗读App朗读的得分。

根据以上数据绘制出的《预习朗读得分人数分布》和《复习朗读得分人数分布》如下所示：

预习朗读得分人数分布

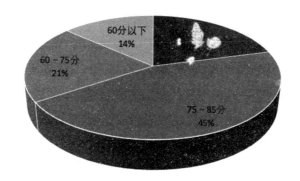

复习朗读得分人数分布

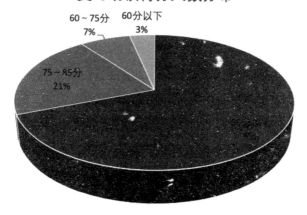

学生学习前后朗读得分变化以及分数增长幅度如下所示：

学习前后朗读得分变化

分数降低：3人

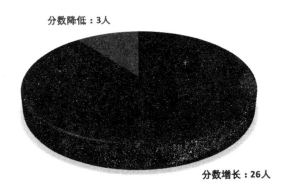

分数增长：26人

学习前后学生朗读分数增长幅度

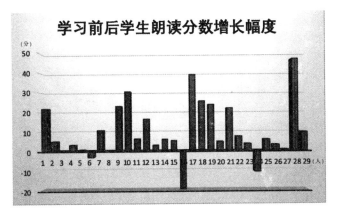

　　29名学生按百分比的比例计算，每人占比3%。根据上图可以看出，全班29名学生通过学习后，有28人达到60分合格水平。（特别补充：未及格的学生经北京市某三甲医院诊断为严重语言困难。）通过对《灰雀》一课的课堂学习以及课后学生自主朗读训练，85分以上的人数由预习时的6人增长为20人，75～85分数段人数由13人降为6人，60～75分数段人数由6人降为2人，60分以下由4人降至1人。依据涨幅来看，26名同学的朗读得分提高，其中10名同学增长超过10分。但有3名学生分数降低，根据学生的课堂表现以及课后通过与学生交流发现，其中2名同学因课堂效率和完成朗读作业态度不认真导致分数下降，另外一名则是因为突发因素需要更换电子设备导致录制声音小所致，属客观因素。

八、结语

建构主义学习理论认为，学习是学生自己建构知识的过程，是他人替代不了的。因此，学生在朗读学习中只有发挥自己在朗读训练中的主体性，积极运用朗读知识与技巧，调动想象与情感体会文本的情感，才能真正建构起朗读知识的意义。当然，本次研究还有诸多不足之处：首先，乐读的形式上应该不仅有朗读，还应包含默读这一阅读形式；内容上应不仅包含课内课文，更应包含课外内容，研究者本次乐读的研究仅局限于对课内课文的朗读等。其次，研究者作为新教师缺乏课堂上对学生朗读的教学经验，且自身朗读能力有限对学生朗读的指导示范欠佳。最后，在低年级对学生的课下朗读指导精力有限，只能分批次细致点评，不能每次对全部同学的朗读语音给予逐一细致的反馈，或多或少也会影响学生对朗读作业的兴趣。但研究者认为，作为E时代下的教师，我们能够做的是在保障学生在课堂上对朗读的有效学习之外，顺应时代趋势，把握学生的时代特点，让新媒体更好地为教育所用。

北京亦庄实验小学　李曼钰

基于朗读为目的的文本解读

著名教育家叶圣陶先生说："阅读教学总得读。"中央教科所张田若教授说："阅读教学，第一是读，第二是读，第三还是读。"著名特级教师于永正老师说："语文教学的所谓'亮点'，首先应该在朗读上！"

《义务教育语文课程标准（2011年版）》中，也一再明确朗读在小学语文学习中的重要作用。统编版小学语文教材从一年级直至六年级，不管是精读课文还是略读课文，大部分课后习题的第一题总是"朗读课文"或"有感情地朗读课文"。

我们国家教育部门对于从事中小学语文教师的普通话水平是有严格的等级要求的，达不到二级甲等是拿不到中小学语文教师资格证的。也就是说，只有语文老师自己的朗读水平足够好，才能更好地指导孩子们进行文本朗读。

众所周知，朗读是把文字变成有声语言的创造性劳动过程，是用有声语言准确、鲜明、生动地表达思想感情的过程。所以，要想朗读好一篇文章，必须对文本有一个深度理解的过程，我把这个过程比作青年男女热恋的过程，觉得还是比较贴切的。

我们无论朗读什么体裁的作品，要想把作品读好，基本都要经历下面三个环节：

一、熟悉作品——"相认相识"

熟悉朗读作品，扫清文字障碍。

要朗读好一篇作品，必须在朗读之前做好各种准备工作。第一步就是熟悉朗读内容，与作品"相认相识"。朗读者首先要对朗读材料认真阅读，整体感知，对朗读材料的内容有基本的认识和大致的把握。熟悉朗读内容是准确理解和深入感受作品的基础。

在熟悉内容的同时，要注意扫清文字障碍，规范读音；对一些生字词、异读词的读音须查阅字词典加以确认；对词语的轻重格和语流音变准确把握；对自己语音方面的薄弱之处要注意克服。规范读音有助于提高朗读的准确性、庄重性和流畅感。

　　　　一（yì）只海鸥，一（yí）片沙滩。

　　　　一（yì）艘军舰，一（yì）条帆船。

　　　　……

　　　　　　　　　　　　　　　　——《场景歌》（二上）

十六句，每句开头都有一个含有"一"的数量词，如果不明白"一"的变调是不是很麻烦？

"母亲掏衣兜，掏出一卷揉得皱皱的毛票，用龟裂的手指数着。"——《慈母情深》（五上）

只有读准上面句中的轻声、变调、多音字，才能读通句子，读出情感。

二、理解作品——"相知相交"

理解作品，就是朗读者准确地认识和把握作品，与作品"相知相交"。

（一）确定朗读基调

对于作品的选材立意、构思布局、表现手法、语言特色都要认真推敲，准确理解，同时还应对作品的写作背景，作者的写作目的、思想倾向有所了解。通过反复阅读，从整体到局部、从局部到整体地仔细揣摩，把握作品的人文内涵和艺术风格。在此基础上确定朗读的基调。基调指作品的基本情调，即朗读的主要感情基调，或高昂，或悲哀，或深沉，或忧伤，或喜悦，或平淡……

你能判断出下列文章的感情基调吗？

《上学歌》（一上）；

《蝙蝠和雷达》（四上）；

《十六年前的回忆》（六下）。

《上学歌》感情基调是欢快兴奋的；《蝙蝠和雷达》是说明文，语调是平静的；《十六年前的回忆》应该是沉重的、略带伤感的。

（二）设计朗读符号

朗读者在阅读钻研作品、反复推销作品时，为了更好地再现作品的思想内容，体现朗读的目的，往往在文字中做些标记，我们把这些标记称为"朗读符号"。下面介绍几种常用的、得到大家公认的朗读符号。

1. ∧ 停顿号，一般停顿，可换气，亦可不换气。无论有无标点处都可以使用。例如：

松鼠∧是一种漂亮的小动物，乖巧、驯良，很讨人喜欢。（《云房子》五上）

晋察冀边区的北部有一条还乡河，河里∧长着很多芦苇。（《小英雄雨来》四下）

一对眼神疲惫的眼睛∧吃惊地望着我。（《慈母情深》五上）

你有什么发现？是的，往往长句子会在主语后做不换气的停顿。

2. ⌢ 连接号，只用于有标点的地方，连接较紧密，表示缩短原停顿时或不停顿连起来读，不换气。例如：

洞里曾藏有我国古代的各种经卷、文书、帛画、刺绣、铜像等六万多件。（《莫高窟》五下）

3. · 重音号，为主要重音。__ 次重音号，为次要重音。例如：

七八十台缝纫机发出的噪声震耳欲聋。（《慈母情深》五上）

三、感受作品——"深知深交"

如果说理解作品是与作品"相知相交"，感受作品则是细致地品味作品，与之"深知深交"。

感受作品，是指朗读者通过作品的文字刺激所产生的内心体会和体验的过程，即透过语言文字的符号感觉到这符号所代表的具体的客观事物，感受到客观事物的存在、运动变化及它们之间的关系，而激发出的一系列心理活动的过程。如果说朗读中，理解是基础，表达是目的，那么，感受就是从理解到表达的关键环节了。影响我们朗读效果的主要因素，并不在于技巧纯熟与否，而在于朗读者对作品的感受差异。有了自己的独特感受，发出的有声语言才能活起来，才有生命力。那么，怎样才能让自己的感受丰富、生动起来呢？首先，要调动自己的生活储备即自己的生活积累，深入生活，观察生活，丰富生活，不断地吸收、探究、挖掘、积累。其次，要借助想象和幻想，在朗读时形成内心视像，产生"情景再现"的感受，让朗读的内容在我们心里、眼前活起来，成为一个个具体的形象，一幅幅生动的画面。

感受可以分为两大类：形象感受和逻辑感受。

（一）形象感受

形象感受是指朗读者通过视觉、听觉、嗅觉、味觉、时间、空间感受、运动感受，对所表达的内容中描述的事物进行具体能动的体验。这种感受主要来自作品中的形象性。朗读者要善于抓住那些表达事物的"实词"，使作品中形象的东西在头脑中"活"起来，产生似乎"看到""闻到""听到""摸到"一样的真实感觉。

形象感受运用的手段是联想和想象。朗读者用丰富的生活经验和积累，填充、增补、丰富，通过想象和再造想象把作品中的文字描述变成形象的、连续的画面，使作家描写的一切情景、形象、状貌、色彩、声音得以呈现，使听者如临其境、如见其人、如闻其声、如触其物、如尝其味……同时注入与这些内容相应的情感，增强有声语言的强烈感染力。例如：

"再近些，只见白浪翻滚，形成一堵两丈多高的水墙。浪潮越来越近，

犹如千万匹白色战马齐头并进，浩浩荡荡地飞奔而来；那声音如同山崩地裂，好像大地都被震得颤动起来。"（《观潮》四上）

"背直起来了，我的母亲。转过身来了，我的母亲。褐色的口罩上方，一对眼神疲惫的眼睛吃惊地望着我，我的母亲……"（《慈母情深》五上）

（二）逻辑感受

朗读中的逻辑感受，是朗读者在阅读作品时，对作品内容中事物间的逻辑关系产生的一种感受；是朗读者对朗读材料的思想发展脉络以及层次、语句的关系，作品中的概念、判断、推理，一环扣一环形成的逻辑链条所产生的一种反应。

文章的这种逻辑关系，顺畅地贯穿全篇，构成文章的网络。逻辑感受包括并列感、对比感、递进感、转折感、主次感、总括感等。在判断逻辑关系时，我们可以借助一些关联词语帮助我们增强感受。朗读时也要注意没有关联词语的语句内部以及语句间的逻辑关系。

例如：朗读《观潮》时有一种递进感，我们就能够把握"潮来前，潮来时，潮来后"这一文章脉络；朗读《富饶的西沙群岛》时就有一种总括感，文章首尾呼应，过渡自然；而朗读《慈母情深》时把握"鼻子一酸"这一情感线脉络，在词句中品味慈母情深深似海的情感。

形象感受和逻辑感受不是孤立存在的，朗读时，既要注意具体感受，又要注意整体把握，综合运用。

朗读是一门艺术，朗读教学也应该是一门教学艺术，本文只是给大家打开了朗读教学的一扇门，如何走进这门教学艺术，需要我们不断去摸索，去探究。

北京亦庄实验小学　高学雷

小学阶段课堂朗读教学中的审美教育及策略

一、小学阶段的语文核心素养之——审美教育

美，遍布在我们生活中的每一个角落。

美育，又称审美教育，是通过艺术生活美、自然生活美和社会生活美而进行的一项教育活动。"它以艺术和各种形态的美等具体的媒介为教育手段，通过对审美对象的价值揭示，直接作用于人的情感，从而潜移默化地作用于人的心灵，以达到塑造完美的心理结构，使个体处于一种理想的生存状态和达到理想的人生境界的一种有组织、有目的的定向教育。"

"美育"在中国的发展已有百年的历史，它经历了兴衰又蓬勃的发展过程。审美教育具有不可替代的独特作用，它使人自身各种因素协调发展，使人与社会、与自然和谐共处，同步而行。美育作为普通教育的组成部分，在促进个体平衡的健康成长和提高个体综合素质等方面发挥着重要作用，美育最充分、最直接地体现着素质教育的宗旨。各种教育教学活动在美学的帮助下，美育的指导下走向诗化、艺术化。

二、朗读对审美教育的重要意义

《小学语文新课程标准》最新修订版中指出：语文课程应通过优秀文化的熏陶感染，提高学生的思想道德修养和审美情趣，使他们逐步形成良好的个性和健全的人格，促进德、智、体、美诸方面的和谐发展。在语文课程中培养学生的审美能力、提高其审美情趣势在必行。而在语文课程教学中，朗读正以它独一无二的审美特质推动着语文审美教育的发展。

在朗读教学过程中，我们可以按照朗读的一般规律和审美要求，引导学生通过诵读、朗诵、吟诵、演讲等多种朗读方式，充分挖掘朗读的审美因素，使学生在此过程中受到正确的审美教育并能够感受美、鉴赏美、创造美，最终培养学生的富有个性的审美情趣和审美能力。总之，朗读对开展审美教育，培养学生的审美能力有着重要意义。

（一）朗读可以培养学生审美感知的能力

语言是思维的物质外壳，是交流思想、沟通感情的工具，语言文字本身不仅具有表情达意的功能，还具有审美性，需要通过感觉去把握，情感去推动，以获得美的享受。朗读恰好是将无声的语言转化为有声语言的活动，学生借助审美想象和理解，通过朗读如闻其声、如临其境，将作品中模糊的形象转化为直接可感的形象，让语言如一幅画、一段美妙的音乐呈现在学习者面前，并引领学习者领悟到其中蕴含的深刻内涵，反复地不同层次地朗读使学生感受到语言不同的美，并逐步提高其审美感知能力。

（二）朗读可以培养学生美读的能力

所谓美读，就是指"美读者借助声律节奏、体态和目光等肢体语言的有机结合而创造性地活化出文本的内在情思，进而使读者与作者合二为一、心灵共鸣的审美活动"。由此可见，美读是以感情为中介，达到感性和理性的统一。学生的朗读不会一开始就表达出文本所蕴藏的深层感情，需要经过教师的指导，音频的示范，学生之间的切磋，一遍一遍地朗读让学生对文本的感受越来越深刻丰富，学生从自身的感性世界进入文本作者的理性世界，达到感性与理性相结合的审美境界，这样的过程，必然极大地提高学生的朗读能力和审美能力。

（三）朗读可以培养学生的审美通感

所谓"通感"是"一种感觉超越了本身的局限而领会到属于另一种感觉的印象"（钱锺书语）。从接受美学的角度就是感觉器官的互换。在日常的语文课堂中，教师可以通过一定的审美对象有意识地通过朗读活动做审美定向诱导，使受教者体会其中奥妙，使其审美通感能力在朗读活动中得到应有的培养。"熟读唐诗三百首，不会作诗也会吟"，朗读实践潜移默化地塑造着审美主体的性格、气质，通过朗读，传达一种审美的人生态度，带来悠久而漫长的回味，渐渐地激发其用口头表达创造美的能力。声情并茂的朗诵，针锋相对的辩论，震撼人心的演讲都是展示这种美的创造的重要形式，而这种审美创造能力、通感能力的产生和提高都是在日常学习、朗读练习中潜移默化形成的。

三、通过朗读提高审美能力的策略

（一）打通感觉，唤醒想象

审美感知是一种整体感受事物的能力，是视觉、听觉、嗅觉、味觉、触觉各种感觉被一起唤醒、共同感受审美对象的能力。但有些学生可能还不完全具备这样的能力，需要教师的引导和启发。

以部编版五年级上册第七单元为例，这个单元的阅读训练要素是：初步体会景物的静态美和动态美。朗读是体会动静美的重要途径。朗读选文《鸟的天堂》中"我们把手一拍，便看见一只大鸟飞了起来。接着又看见第二只，第三只。我们继续拍掌，树上就变得热闹了，到处都是鸟声，到处都是鸟影。大的，小的，花的，黑的，有的站在树枝上叫，有的飞起来，有的在扑翅膀"。朗读者不仅可以看到飞来飞去嬉戏的鸟儿，还听到鸟儿们清脆的叫声。甚至通过想象身临其境，融入这热闹的场景，见证这鸟的天堂。因此，在引导学生唤醒感官的同时，还需要唤醒学生的想象，边读边想象，脑海中呈现出不同的鸟儿飞来飞去，热闹、欢快的画面。小学生没有特别丰富的生活经验，但他们善于大胆想象，思维的创造空间大。在学会发现、观察，有一定生活经验的基础上，鼓励创造性想象，朗读作品中的形象从无到有，从模糊到清晰，最终以具体可感的形象展现出来。也就是说朗读最终呈现的效果与学生的审美想象直接相关。

（二）创设情境，营造氛围，激活审美情感

1. 善用配乐，渲染朗读氛围

好的音乐具有直击人心的力量。好的音乐就是情感的诉说。因此，在朗读活动中引入配乐，有利于激活朗读者的审美情感，帮助朗读者进入文本的情境中去。但是乐曲的选择并非易事，只有恰切的配乐才能激活朗读者的审美情感。在使用配乐时，可以从以下几个方面入手：

（1）把握乐曲的情绪。乐曲的情感与朗读内容相匹配，如小提琴可以用来表示悲伤，笛子可以用来表示欢快，管和号则用来表示庄严肃穆。乐曲和文字内容的情感匹配才可以达到更好的审美效果。

（2）多组乐曲组合。

（3）合理选配乐器。每一种乐器都有自己的声音特色，可以用来表达不一样的喜怒哀乐，我们甚至可以称之为乐器的性格。由于不同的乐器善于表达不一样的音乐情感，因此，在选择配乐的时候，必须考虑到不同乐器的表达风格。配乐的使用是为了更好地表达文本内容，而不是喧宾夺主。

2. 适用视频，创设朗读情境

打破审美主体与美读文本之间的距离成为美读活动开展的重要前提。而视频资料以生动形象的集声音与视像于一体的动画呈现出来，对于创设美读情境，吸引审美主体的注意，拉近审美主体与审美对象的审美距离，有很大的作用。

（三）多种形式的比较朗读，提高审美感知能力

1. 通过替换重点词语进行比较朗读，体会作者用词的妙处

比较朗读就是指教师在朗读教学中利用比较的方法进行朗读课文，以此来加深学生对文章的理解。在朗读训练时，教师应多采用比较朗读，如对课文中某些重点字词用近义词进行更换，在新旧词语间进行反复朗读来体会作者采用这些词语的意图。如课文《刷子李》中"此刻，曹小三借着给师傅倒水点烟的机会，那目光仔细搜索刷子李的全身"，这句话的重点词语是"搜索"。教师可以利用比较朗读的方法将"搜索"换成"观察"，让学生反复

朗读更换前后的句子，体会不同之处。"搜索"是仔细寻找的意思，突出了曹小三趁师父不注意时迅速求证刷子李是否真有传说中的绝活。所以"搜索"较"观察"更能表现出曹小三的好奇和认真。当曹小三发现刷子李裤子上出现一个白点，"他怕师傅难堪，不敢说，也不敢看，可忍不住还要扫一眼"。其中将"扫一眼"换成"看一眼"，学生通过朗读发现不同之处，"扫一眼"指迅速地偷看一眼，表现出曹小三想确认自己是否看错但又怕被师父发现难堪，想看又不敢看的心理表现得淋漓尽致，而"看一眼"的表达效果却相对弱很多。

2. 比较朗读同一作者或同一主题的不同文章

除了对重点字词进行比较朗读，教师还可以对同一作者或同一主题的不同文章进行比较朗读。教师可以联系以往所学习过的文章进行比较，也可以适当增添一些课外著名的篇章进行比较。

同一作者在不同时期由于自身经历的变化，所写文章的感情基调在前后期都是不一样的。比如五年级下册有一首杜甫的《闻官军收河南河北》，这首诗写于安史之乱结束之时。唐军收复了河南河北，平定了战乱，多年漂泊的杜甫终于可以回到自己的故乡，欣喜若狂之际写下了这首诗。而在此之前的另外一首诗《春望》，杜甫写这首诗时正逢安史之乱，自己刚从叛军中逃离出来，辗转逃亡，目睹了国家大好的山河被叛军践踏，无数的百姓流离失所。长安城被叛军洗劫一空，城墙破败，废墟一片。这让刚逃亡回来的杜甫心痛不已，于是写下了"国破山河在，城春草木深。感时花溅泪，恨别鸟惊心"。相对于《春望》悲伤忧愁的基调，《闻官军收河南河北》这首诗则酣畅淋漓地展现了作者的喜悦之情。教师通过对比朗读教学，可以让学生感受到杜甫在不同时期写诗的不同心境，从而在朗读时能够准确地表达诗中的感情基调。

（四）通过活动调动朗读热情，鼓励学生之间大胆互赏

1. 分角色朗读

分角色朗读常常用于教授寓言故事、小说等体裁的课文。分角色朗读

就是让学生扮演文中的主要人物，根据人物的性格特征来演绎故事情节。以部编版五年级下册《军神》一课为例，课文是一篇小说，写了刘伯承的眼睛受了重伤后，到德国人开设的诊所就医的故事，文中的主要人物是刘伯承和沃克医生，刘伯承为了尽量减少对大脑的影响，拒绝使用麻醉剂，强忍巨大的痛苦接受了手术，表现出了钢铁般的意志。沃克医生对刘伯承也经历了由冷漠到赞许，再到关心、钦佩、敬仰的内心变化。文中对人物进行了丰富的语言、神态和动作描写，通过让学生分角色朗读，可以更好地加深对课文的理解。比如，"问诊时"的对话中，沃克医生一开始是"冷冷地问"，发现伤势的严重程度后语气变了："你是军人！""只有军人才能这样从容镇定！"连用两个感叹号，表现出沃克医生的惊讶和震撼。在这段对话中刘伯承的答话一直非常简短，而且没有任何提示语，直到被沃克医生识破后才"微微一笑"，其实这恰恰表现了刘伯承的平和和坚定，这些可以让学生在朗读中进一步体会，通过理解人物的内心活动，可以读出感情，通过有感情的朗读，又进一步加深了对人物和课文的理解。

2. 竞赛性朗读

为增添朗读教学的趣味，教师还可以采用一些游戏形式。比如教师和学生之间、学生和学生之间进行竞赛性朗读，通过相互竞争朗读来提高学生的审美能力。

在疫情期间班级开展线上朗读评比活动，活动要求如下：1. 朗读内容：经典诗词（长一些）、优美的散文、有趣的故事、配音（中文）等。2. 朗读形式：个人表演、与家人合作、与同学合作等多种形式。3. 展示形式：视频或录屏，建议配上合适的音乐。4. 奖项设置：特等奖1名，一等奖2名、二等奖5名、三等奖8名，最佳创意奖1名，凡获奖者均颁发证书和奖品（奖品开学后领取）。最后，以线上投票的方式产生最终的获奖名单。

在此次朗读活动中，同学们积极参加，表现精彩纷呈。有的同学为抗疫英雄们写了文章，并和妈妈一起朗读。他和妈妈的朗读气势磅礴、声情并茂，让听者为之震撼，引发共鸣。有的同学喜欢中国传统古诗词《春江花月夜》《木兰诗》《短歌行》等，将传统文化用清脆的声音延续。还有充满创意的配音，声音、节奏把握得很棒，慢吞吞的可爱的树懒让人开怀大笑。

学生线上竞赛朗读的积极性很高，尤其是平时不善于表达的孩子，在这种形式下找到了自信。线上竞赛朗读增进了家庭成员和同学之间的关系，也让朗读者放下包袱，释放自我，不仅享受了文字之美，也培养了他们对语言的审美感知。

四、总结

朗读教学作为语文教学重要的教学方式，在对学生进行审美教育的过程当中发挥着重要的作用。语文的学习是一个用美好的语言去滋润、浸染生命的过程，语文的学习是一个智慧的生命不断发现自我、认识自我、表达自我的过程。而在语文朗读教学中实施审美教育，把功利性的知识和非功利性的美感体验集合起来，能更好地激发起学生对语文学习的兴趣，为他们审美能力的发展打下良好的底子。

北京亦庄实验小学　孙静

参考文献：

［1］刘鑫. 课改背景下语文朗读教学中的美育价值及策略研究［D］.西安：陕西师范大学，2014.

［2］郑朵朵. 语文课堂教学中的美读研究［D］.金华：浙江师范大学，2014.

［3］李生林. 论小学古诗词教学中的审美教育［D］.昆明：云南师范大学，2017.

［4］李晓琴. 浅谈小学语文教学中的审美教育［J］.甘肃教育，2014（09）.

小学低学段古诗文诵读教学策略探讨

中华传统文化是我们最深厚的软实力，作为中华传统文化的重要组成部分，古诗文在小学教材中的比重也明显上升。以部编教材为准，小学共编入优秀古诗文124篇，占所有选篇的30%，比原有人教版增加55篇，增幅达80%，平均每年20篇左右。同时，《义务教育语文课程标准（2011年版）》也对小学各学段古诗文的学习提出了明确要求。其中，小学低学段学生学习古诗文的要求为："诵读儿歌、儿童诗和浅近的古诗，展开想象，获得初步的情感体验，感受语言的优美。"由此可见，在小学低学段古诗文的学习中，"诵读"为基本要求。在古诗文教学中，重视诵读，对培养学生美感、提高学生审美意识具有重要的现实意义。小学低学段的学生善于接受新鲜事物，具有丰富的想象力。因此，在指导小学低学段的学生学习古诗文时，诵读方法更要符合这一年龄段孩子的发展特点。

一、自由朗读，读准字音

古诗文有别于儿童接触的语言环境，因此，在最开始学习古诗文时，可以充分发挥学生对古诗文的好奇心，调动学生学习古诗文的兴趣，给孩子充足的自由空间，让其自由朗读。但朗读时也应注意，要让学生在朗读中挑战任务，激发学习热情。朗读的第一个层次，即是要求学生读准字音。

在古诗文中，同一个字，读音、意义都有可能不同。所以，在自由朗读时，学生需要完成的，就是借助拼音读准字音。如《敕勒歌》中"风吹草低见牛羊"中的"见"实为通假字，通"现"。学生在自由朗读时必会发现这一点，此时，鼓励学生质疑，引导学生交流，为何是"xiàn牛羊"而非"jiàn

牛羊"？教师相机指导，通过观察插图或教师讲解通假字，学生理解"见"实际上是牧草过于丰茂，牛群羊群统统隐没在那绿色的海洋里。只有当一阵清风吹过，草浪动荡起伏，在牧草低伏下去的地方，才有牛羊闪现出来。如此，在自由朗读的过程中，要求学生读准字音，不仅有助于学生理解诗意，丰富学生的想象力；也有助于促进学生思考，培养学生的思维能力。同时，也能激发学生的探索欲，提高学习古诗文的兴趣。

二、感受韵律，读出节奏

古诗文与现代语言最主要的区别就在于，古诗文具有强烈的音乐美，音韵和谐。但对于小学低学段的学生来说，体会诗歌的节奏和韵律有一定难度。此时，教师可以采取多种形式引导学生读出节奏，感受诗歌的音韵美。

首先，要注意停顿。教师可以通过范读，引导学生发现古诗文的停顿，并在反复的学习中，总结规律。如五言绝句的停顿大部分为2/3，七言绝句的停顿大部分为2/2/3。学生发现规律后，便可自主学习。此时，通常可以采用拍手朗读、男女生对读等形式，让学生在"玩"中体会诗歌的韵律。如《咏柳》的节奏是2/2/3，学生在知道这一节奏后，通过拍手形式表现出来。"碧玉妆成一树高（/XOXOXOX/），万条垂下绿丝绦（/XOXOXOX/）。不知细叶谁裁出（/XOXOXOX/），二月春风似剪刀（/XOXOXOX/）。"

其次，要注意重读。无论是怎样的古诗文，其中都寄托了作者或愉悦或无奈或悲愤的情感。而诵读就是通过朗读将作者的感情外化。因此，学生在诵读时，可以通过朗读的抑扬顿挫、轻重舒缓感受作者的情感。如在学习《望庐山瀑布》中的"飞流直下三千尺"时，我提出问题："怎么才能读出瀑布飞流直下的气势？"学生踊跃尝试"飞流直下三千尺"。此时，我做出评价，要想把瀑布的气势读出来，就要把"三千尺"重读。学生带着理解再次尝试朗读，更能真切地体会到李白在看到庐山瀑布时内心的震撼。

最后，要注意语调。朗读时，恰当处理语调的绵长或短促，能更好地把握作者的感情。如《绝句》中的"窗含西岭千秋雪，门泊东吴万里船"，其中的"千秋"和"万里",一个表示时间的久远,一个表示路途的遥远,这就要求学生在朗读时读出绵长的语调。此时,可以借助手势、符号来帮助学生理解。在朗读时或做出手臂不断延伸的动作,或画出 〰〰〰 类似的符号引导学生读出绵长的语调。

三、想象品读,读出意境

古诗文通常是通过有限的字数表达无限的内涵。而丰富的想象不仅可以激发学生的诵读兴趣,更能让学生走进诗人的意境。意境是诗中所描绘的画面与诗人当时的心情交融而成的美。如学生在学习李白《夜宿山寺》中的"不敢高声语,恐惊天上人"时,发挥自己的想象力,想象自己在夜深人静时,站在高耸入云的高楼上,会是怎样的心情?此时,可引导学生联系生活实际,如爸爸妈妈在午睡时,自己想要悄悄地做什么时,心里是什么感觉?学生能很容易地捕捉到李白当时的心情,在朗读中,读得静而悄。又如在朗读杜甫《绝句》中的"两个黄鹂鸣翠柳,一行白鹭上青天"时,教师范读,学生闭上眼睛倾听,想象画面,用自己的语言表达出来——诗人一大早,就听到两只黄鹂在翠绿的柳树上鸣叫,还看到一行白鹭飞上天空。所以,诗人的心情非常愉悦。学生带着想象,再朗读这两句诗时,自然读得轻快灵动,宛如黄鹂鸟清脆悦耳的歌声。

综上所述,小学低学段的古诗文教学,就是在教师的指导下,调动学生的主动性,通过自读、互读、对读、齐读等多种朗读形式,体会古诗文的独特美。学生在诵读中,读准字音、读出节奏、读出意境。更在诵读的过程中,激发对古诗文的热爱,养成诵读的良好习惯,读出李白"飞流直下三千尺,疑是银河落九天"的豪放,读出李绅"谁知盘中餐,粒粒皆辛苦"的悲悯,读出柳宗元"孤舟蓑笠翁,独钓寒江雪"的孤独,读出高鼎"儿童散学归来早,忙趁东风放纸鸢"的祥和……在琅琅读书声中品味古诗文独有的魅力,感受诗意语文。

北京亦庄实验小学　郝秀秀

低学段课堂趣味朗读教学探究

一、课堂朗读的本质——互动

课堂，是一种社会环境；朗读，其本质是一种社会活动。教师与学生分享朗读书籍，并与学生进行不同程度的互动。在以对话、内容为导向的朗读过程中，学生以自己的方式参与课堂互动：朗读、评论、问题、想法、联想、惊奇、困惑、有趣的交流，与教师一起参与思考，探索文字的真意并解释，扩展学生的原始思想，引导他们与目前掌握的知识进行评估对比。正如苏联文学家巴赫金所言，声音总是存在于社会环境中，它并不是孤立存在的。当学生在课堂上通过朗读赋予声音意义和感觉，在与他人交流互动的过程中，其他同学和教师的声音也在其周围得到呈现，通过互动共同完成对课堂朗读的贡献，不分彼此，在培养学生的自主学习能力、吸收知识能力和提高学生的活跃性、成就感以及对这一过程的反应态度方面都有显著的价值。

二、课堂朗读的五个阶段

朗读也是一种科学化的艺术语言，但其语言的结构不是思想结构的简单镜像。朗读既是话语行为又是思维行为，因此，它不能像放在架子上的衣服那样放在思维上，语言不仅仅是发达思想的表达，思想在转化为语言的过程中被重新构造，它不是用言语表达的，而是用言语完成的，需要调动学生的眼、脑、口、舌等多感官的参与，是将学生对文本的理解由感性认识上升到理性认识的"桥梁"。在整个朗读过程中，言语和情感的艺术互动占据主导地位，能够在语言文字中真实地遇见，在理解中渐渐地激烈，在朗读中慢慢地内化。鉴此,根据朗读的语言属性,将朗读按照能力及情感递进顺序分为五个阶段:识字(Literacy Instruction)、音素(Phoneme Awareness)、音准(Prosody Accuracy)、语感(Language Intuition)、共情(Empathy)。如何设计学习方法,形成有效的朗读教学闭环,国外资深教师给出了答案:"允许儿童自由地尝试和使用语言是他们建立朗读与自己关系的关键。"

三、课堂朗读教学的关键——趣味活动

趣味活动,英文译为playful,其本源play可以追溯到古典英语"plegan",意思是"活跃"和"欢跃"。这让我们从一个不同的角度提出了假设:趣味活动吸引了孩子们,让他们在朗读课上积极参与,并能够充分探索在朗读中遇到的音、字、词、句和想法,得到了更多的快乐。国外科学研究表明,当儿童参加趣味活动时,会利用多种感官分析和合成语言,接收的信息也会以多种方式编码并储存在他们的大脑中,形成强大的认知联系。同时,趣味活动会让孩子投入更多的情感,生成积极的情绪状态,让注意力更加集中,这对朗读和记忆至关重要。通过愉快的活动接受朗读教学的儿童更有动力从事与学习有关的具有挑战性的任务,更有可能发展终生的朗读爱好。

"乐趣",是小学生区分上课经验和游戏体验最重要的标志。趣味活动,是教师为特定的学习目的而组织的玩耍活动,其重点是内在激励,自由选择,以过程、内容为导向,减少文字化,注重精神愉悦,要让孩子们认为他们的参与是自愿且不受老师的直接监督。不要把趣味活动和孩子们在课间休息或选择时间自主活动的自发游戏混淆。

四、课堂朗读教学各个阶段的趣味活动策略

(一)低学段识字与朗读趣味活动

识字,是朗读教学的基石。我国汉字隶属于表意文字体系,字的形体总是蕴含着可供分析的意义信息。而儿童的认知能力尚处于初级发展阶段,对外界新鲜事物的接受能力远低于成人,他们更倾向于学习直观、具体、形

象的教学内容。因此，我们在识字教学中应充分依循这一原则，从汉字的音、形、义的关系入手，根据教材特点采用多种趣味活动形式，如"猜字谜""开火车""对号入座"等，让汉字在学生面前展示出形象的画面或者转化为生动的故事，不仅有助于学生保持旺盛的学习兴趣，而且让学生在快乐游戏中巩固识字，铭记于脑。下面有几种有趣的识字游戏：

1. 拼音/词语滑梯

一张纸显示了一个声母/韵母小组的图片，他们在滑梯从第一个音滑到最后一个音，演示了简单的拼音混合可以转换成一个愉快的冒险。不要像作业纸指示的那样用手指在滑梯上画线，而要在操场上张贴单个拼音或者词的独立海报。孩子们可以拿着各自的拼音滑下操场的滑梯，大声地喊着混入新词。

2. 词语狩猎

任何要求孩子将词语框中的词与图片匹配的工作都可以很容易地变成"狩猎"。孩子们会看到一张打印的图片，词语框中的词语被复制，剪切为单个词，散落在整个教室里。孩子们在房间里走动，找到与他们的照片相匹配的正确词。当他们返回座位时，他们会粘贴相应图片旁边的文字。

3. 搭字楼

在低学段识字和朗读阶段，音准显得尤其重要。音准，原指歌唱和乐器演奏中所发的音高，能与一定律制的音高相符，这里代指发音的准确性。朗读是人们用来表达自己对文字的想法和感受的一种重要方式，它有着自己独特的魅力和对外界声音强烈的吸引力。它通过文字和语调的结合来传达声音和美，让抽象的文字更具体化，从而吸引听众的心，并与之产生共鸣。无论朗读什么内容，如果语言发音不准确，都会导致文字意义的偏差。汉语的每个音节是有声调的，包括阴平、阳平、上声、去声四个声调，且每个句子又有轻重、缓急、快慢、抑扬顿挫之分。熟练掌握发音，对朗读有着很大的帮助。

其中一个好玩的练习朗读的课程来自教师们发现的便宜的材料。在当地的一元店，在废品回收利用活动中都可能会给孩子们上一课。在学校用完餐留下的酸奶盒，可以用来建造巨大的楼房，上面覆盖着孩子们近期学习的课文，课堂上可以将朗读的环节在高楼附近进行，孩子们打着节拍，教师可以在一旁进行录像，这也是一个有趣又有意义的朗读环节。

从正在学习的词语和课文中都可以激发一种有趣的活动。孩子们用废弃的纸箱做出的巨大的煎蛋或其他图案，上面可以盖上学习过的词语和句子，这些词是他们在小组合作学习中产生的。孩子们也可以制作新奇的纸礼帽记录近期学习的词语，用句子在周围进行装饰，还可以搭建纸板船。

（二）利用各种 App 或网络软件进行趣味朗读活动

随着现代科技的发展，越来越多的网络资源和现代技术可以为课堂服务并增加课堂教学的趣味性。目前关于小学语文朗读的App数量很多，作为教师要想充分使用App开展教学，必须慎重选择，有目的地为朗读教学中的音准和培养学生语感方面服务。语感，是直接、迅速地感悟语言文字的能力，是朗读的重要组成部分。它是个体在语言活动中表现出来的一种敏感，是个体对言语运用的感受力、理解力和调控力，它既打上了直觉思维的悟性印记，又暗藏着经验思维的模糊映像，是支撑个体在掌握一定程度语言经验基础之上的高度活跃的言语直觉思维。小学生语感能力大致分为两种：其一为在语文知识方面判断正误的能力，如语音、语气等；其二则是在内容上辨明真伪和形式上判断优劣的能力，如领悟语意、辨别语体、品味语情等。小学语文教材多是以短小精悍的篇幅出现的，蕴含着意境美、哲理美和人情美等，蕴含着强烈的情感。运用语感能力朗读这些情感充沛的文章，能使学生感知语言之神妙，洞察文字之精髓，把握知识之理趣，从而创造性地获得个性体验。

现在常用的App有QQ、微信、荔枝、喜马拉雅等，现在很多的App上有比较专业的人士对小学课文进行的朗读录音。教师可以利用App开展一系列的课堂活动。上课前教师利用荔枝等App进行对课文问题录音，开展"听朗诵，回答问题"的小游戏，请大家一边听文章一边回答问题。在这个App游戏环节中，教师预先设定让电脑朗读课文，随后向学生提问，让学生根据自己的记忆回答问题。通过这种方式开展教学，即使没有涉及太多学生朗读的内容，但学生对课文的学习兴趣已经逐渐产生了。随后，请学生进行课文朗读时，可以利用iPad或手机中的App对学生的朗读进行打分，做出公示，并给出适当的朗读建议，如节奏不对、情感不足等。这样，不仅能极大地提高学生的朗读兴趣，还能让学生潜移默化地学习朗读技巧。

（三）角色扮演朗读引发共情

共情，本是由人本主义创始人罗杰斯所阐述的概念，又译为同感、同理心、投情等，指个体从感知、表象到意象转化过程中的感觉转化、渗透、互通的心理过程。但在朗读教学里面，共情则强调小学生运用掌握的识字、音素、音准及语感等技能，将多个感官输入的信息在大脑里交汇融合，打通彼此的界限，通过文字将自身代入语境环境中，最大限度地与作者的情感产生共鸣。

在课堂朗读中，角色扮演——让学生将自己代入文中的角色，以角色自居，深入了解故事内容和语境，感受文字和人物的变化。例如，在《曹冲称象》一文中，学生可以对曹冲、曹操、大臣等角色进行认领，分工合作进行角色扮演，不仅能很好地调动学生对朗读的兴趣，还能加深对内容的理解，更容易共情。或者播放学生感兴趣的影视作品，但对作品中角色的语音做消音处理。让学生随着剧情推演的同时朗读影视作品中角色的台词剧本，如《哈利·波特》等系列作品。

五、结语

大部分学校是通过儿童在标准化考试中的成绩来衡量表现的，当教学是通过定量方法来评估的时候，教学的压力就会渗透到小学。对于老师来说，试图将游戏纳入已经很拥挤的课程中，并在更关心考试成绩的学校文化中证明趣味活动是合理的，可能是真正的挑战。为迎接这一挑战，教师必须了解游戏的价值，引导孩子们参与有趣的活动，完成学习任务。此外，游戏活动涉及不同的学习风格，要允许孩子通过不同的方式学习。而趣味活动也可以是一个很好的量化评估孩子能力的方式，教师可以随堂观察，记录儿童在一段时间内取得的成就，为综合评估孩子能力提供直观的数据。

北京亦庄实验小学　孙静

在吟诵中彰显小学文言文的人文性

看，是由字形来领悟意义；读，是由声音或者兼由声音来领悟意义，因此吟诵的重要性不言而喻，其蕴含着浓厚的"人文味"。

吟诵对感悟文言文本人文性的效果，从对诵读的评价中可体现"诵读的评价，重在提高学生的诵读兴趣，增加积累，发展语感，加深体验和领悟"。"在不同学段，可在诵读材料的内容、范围、数量、篇幅、类型等方面逐渐增加难度。"之所以重视对文言文本进行诵读进而背诵的方式，是立足于汉语言文字的特点，是由汉语言文字的感受性决定的。传统的语文教育非常重视吟诵与背诵，依据古人的经验来谈，十多岁的孩子最好能够背诵百多首（篇）诗文。"熟读唐诗三百首，不会作诗也会吟"，这一方法应用到文言文的学习中也不无道理，背诵及诵读皆是一种浸润式的学习方式，通过反复诵读文质兼美的文言文，于无形当中就会沉浸到作品的意境之中，从中获取人文滋养。

吟诵应该经历一个读准确—读通顺—读明白—读出韵味的过程。首先要把全文的字词障碍扫清，读熟练，达到文从字顺，朗朗上口，这样在读的基础之上才能够理解文意，进一步理解情感。学生在初读整体感知后，教师应发现学生的问题和情况，借助范读、个别读、齐读等朗读形式，进行正音。古文读熟后，其中道理自然就有所感知，此时再次整体回读全文，学生会产生更深层的理解与感悟。因此，在文言文的教学中要注意把握三个诵读的关键点：

（一）放慢朗读速度

对于小学生而言，相较于常接触的现代文，文言文的学习难度比较大。文言文与现代文相比在词语、句式等方面的差异较大，所以小学生在诵读时尤其应注意放慢朗读的速度。传统语文教育的经验证明，诵读、涵泳是行之有效的语言学习方法，涵泳的过程是需要时间的，需要慢慢来，语速过快不利于语感的养成。虽然课程改革进行了多年，但语文课堂上仍然有着读得过快，学生体会较少的现象。陷入个体涵泳少的学习误区，缺少了在诵读中的慢慢涵泳，文言文本的人文性难以真正进入学生的内心世界。

（二）吟诵停顿得当

文言文原本是没有标点符号的，为便于学生理解，都已加上了标点。初读古文时，先要讲究断句。教师可以引导学生根据节奏试着拖长音摇头晃脑地诵读。如王崧舟老师在指导《学弈》时就有这样的设计：

师：下面可以按照各自画出的斜线朗读几遍，拖音的地方，可以夸张一些。（学生练习）

师：古人读书讲究吟咏，读得入情之处还要摇头晃脑，甚至身子也伴随节奏摇晃。（师示范"弈秋，通国……善弈者也"，生笑）你们不要笑，读出滋味来的人都是如此，你们也试试看，看看能读出滋味吗？（学生模仿老师）

先标清节奏，紧接着教师示范，让学生体会到老师与自己读古文时的不同之处，学生能够直观地感受到吟诵文言文应该语速放缓，同时注意读出词句之间的停顿，从而吟诵出文言文的音韵、节奏等。文言文"读"得好，意思自然就把握得好。经典的文言文反复读，说不清楚没关系，一知半解也没关系，在读的过程中，体会断句，自然得益。得益的诵读有两大优势，首先是对经典的有效积累，紧接着获得对文本情感的体会。

古代人对于文章，非常讲究诵读。梁任公先生曾说"念古文非摇头摆尾不可"，这是因为念到声调起伏、声韵铿锵之处，会忍不住地随之摇头晃脑，华美的文章之中蕴含着声律之美，这一点尤为体现在古文之中。这也是现代课堂相较于古代私塾所缺少的一种诵读的感觉和韵味，而这并不是穿上一些"服装"，刻意地模仿诵读，而是在感受文言经典的过程中，自然而然、由心出发的诵读状态。在诵读的过程中，小学生学习文言文最好的方法就是凭着想象与古人同游，多读、熟读，直到古人的话如同自己的方言一样不召自来时，对文言文的学习达到信手拈来的程度，对其中人文意蕴的领悟自然水到渠成。

（三）读出不同语气

在小学的文言文教学中重视语气的指导，通过对文言作品中节奏、语调等内容的指导，引导学生体味文言作品的韵律美和节奏美。经典的文言作品中常常蕴含着丰富的感情，将"情感"引入感受语气之中，更有助于学生想象人物的心理，体会作者的表达意图，感知古文的韵味。在整个吟诵过程中，应尊重学生的个性化感悟，允许有不同的理解和想象，以达到利用吟诵这一环节增进学生情感体验和对内容的感悟的目的。

师：两人在一起听讲，结果如何呢？

生：（齐读）虽与之俱学，弗若之矣。

师：这句话中的两个"之"，指谁？

生：指的是专心的人。

师：该怎么读？谁来试试？（生读）

师：这里应读出文言文的特点，字断气不断，如"虽——""弗若——"

教师借助"虽"的字义，联系上下文构建语言环境，指导学生在语速、语调上有变化地进行朗读，并让学生知晓变化的原因，经历将文字品悟内化后再读出来的过程，诵读的层次有所变化。引导学生诵读，重在形式自然且方法有效。能够不着痕迹地引导学生，由理解到品读，进而想象读，读得不仅有层次而且有目的。注意节奏的停顿、语调的上扬、重音的强调、语速的快慢，借助方法，在教学中进行具体的落实。朗读指导灵活多变又扎扎实实，在整堂课的过程中引导学生朗读二十余遍，从词语、句段入手感受文言特点。自由读、指名读、接读、范读、背诵，让学生在朗读的过程中理解语言、运用语言，进而在扎实的古文实践中，熟悉语感、积累语感，进一步体会语言规律。

小学阶段的儿童，大脑处在成长的发育期，对语言较为敏感，记忆力最强。多读甚至是多背诵一些经典古诗文，对其自身发展大有好处。文言文不同文体的表达特点，利用多种角度理解，多种形式诵读涵泳，感受文言作品的魅力，同时穿越时空的距离，通过和古人对话，得到辩证思维的训练和人性的升华。

北京亦庄实验小学　林琪琪

"挑战"巧设计，朗读有兴趣

——E 时代下基于最近发展区理论提升低段学生朗读兴趣的实践

朱自清先生在《论朗读》中开篇谈及："在语文的教学上，在文艺的发展上，朗读都占着重要的位置。"在如今小学低年级中，朗读教学更是占据着重要的位置。如何有效指导学生朗读，激发班级朗读兴趣呢？教师理应"知己知彼，心中有数"。苏联教育家维果茨基提出"最近发展区"理论，在受指导的情境下，儿童借助成人的帮助所达到的解决问题的水平与其在独立活动中所达到的解决问题的水平之间的差异，即为"最近发展区"。从这一理论来参照学生朗读兴趣的激发培养，思路非常清晰，教师应更进一步理解学生的朗读现状和学情。

基于低学段学生的年龄特点，重在激起朗读兴趣，先"爱读"才能"读好"，所以E时代下多媒体资源的配合就显得非常重要。画面、音乐、朗读平台等兼具实用性与趣味性，容易引发低学段学生的朗读兴趣。在最近发展区理论的指引下，关注朗读指导"个性化"，巧妙设置学生"蹦一蹦"就能摘到的朗读"挑战果子"，使其对朗读"不畏难"而"有兴趣"。本实践研究，基于最近发展区理论的指导，综合利用多样媒体资源，在日常教学中探索提升低学段学生朗读兴趣的方法。

一、背景：分析朗读现状，确定最近发展区

维果茨基的最近发展区理论有三个重要的核心内涵：首先是明确两种发展水平，一是"现有发展水平"，即学生在目前的朗读方面所能达到的"起点水平"；二是"在有指导的情况下所达到的发展水平"，即学生通过朗读教学和指导所能获得的潜力。其次是"学习的最佳期限"，基于低学段学生的年龄特点而设置不同于中高学段的朗读体验，激发朗读兴趣，低学段是最佳时期。最后是维果茨基认为"教学应该走在发展的前面"，将朗读教学与学生的发展相结合，激发起处于最近发展区的发展过程，"教育不应当以儿童发展的昨天，而应当以儿童发展的明天为方向"。

（一）准确把脉，了解学生的现有水平

为了清晰了解所教授的班级学生的朗读现状，在入学伊始，通过朗读前测了解学生的朗读基本情况，通过发音、停顿、感情、音量四个维度来掌握。对于低学段学生而言，识字量会对朗读兴趣产生直接影响，学生容易因为不识字而对朗读产生畏难情绪，所以也尝试通过简单汉字的识字单，对学生的识字量有初步的掌握。

通过班级31名学生呈现出的前测结果，我们不难看出：一年级的孩子们刚刚入学，在朗读方面本应该是"一张白纸"，但源于家庭教育和早教水平的差异，受识字量、发音的影响，学生间已然拉开差距。在个别沟通中，有的学生及家长表现出对朗读的不重视和不感兴趣，有家长提到"孩子不认字，他就特别不想读书，读一会儿就想干点别的"。缩小差距，重在激起所有不同水平孩子的朗读兴趣，关注差异性，讲求"个性化"，从"开口读"到"想读""爱读"，离不开教师基于对学情的把握，并以最近发展区为指导而设置小妙招。"你要把学生带到想要去的地方，你首先得明白他们现在在哪里"，善于把握学情，充分估计学生朗读的真实起点，为朗读预设起点和依据，是激发朗读兴趣的关键。

（二）重视体验，预设现有多媒体辅助资源

将现代多媒体手段与朗读教学相结合，运用现代化的技术辅助朗读教

学，将给学生以更直观的体验，增强学生的语感。那学生到底喜不喜爱多媒体技术手段呢？他们又对何种类型的多媒体资源最为感兴趣呢？在设计前，笔者对班级学生进行了一对一访谈，在对话中，大多数学生反映出对视频资源、音频资源的喜爱优于图片资源、文字资源，同时有学生提及"挑战性"，认为有点小难度的朗读任务更能激发他们的兴趣；还有学生提及"展示"，总是自己在读是一个比较乏味的过程，需要一个展示自我的平台。基于"学生用户"的需求，在E时代下进行朗读教学，视听媒介的选择要契合学生的年龄特点和心理需求，对于低学段的孩子而言，富有童趣、轻快的音频、视频更容易吸引学生的注意力，同时应关注朗读"挑战任务"和"展示平台"的设计。

二、展开：丰富朗读实践，优化最近发展区

基于学生朗读学情、多媒体资源需求的前期调查，在语文课堂上、在生活中，进行班级丰富的朗读实践体验，巧设"挑战"，使学生"最近发展区"的两个水平呈动态螺旋式上升，激发学生朗读的兴趣，具体探索如下：

（一）借助视听媒介，引发学生朗读兴趣

在班级课堂上，运用合适的视听媒介，能有效拉近学生与文本的距离，为学生的想象创设情境，为学生的朗读插上翅膀。在运用试听媒介时，应本着科学性、多样性、针对性等原则，让视听媒介丰盈学生的朗读。明确学生朗读的"难"点，才能对症辅之以合适的音频、视频等，创设想象的情境。如在教学《池上》时，对于北方长大的孩子而言，"采莲"与"浮萍一道开"等画面都远离孩子的生活实际，学生想象起来有难度，落到朗读上自然存在困难，此时跟进合适的多媒体，从视听上让孩子体会到小娃采莲的"趣"，帮助学生克服朗读的难点。课堂上视听媒介应少而精，设计引入突破朗读难点的音频、视频等，为引发学生的朗读兴趣服务。

（二）巧设班级挑战，激发学生朗读兴趣

随着教学的进行，发现班级不同的孩子"读"之间存在很大差距，这一

差距不是40分钟的课堂时间就可以缩小的，如何有效地利用时间缩小差距，让孩子多多朗读呢？让朗读成为一种习惯，而不是一种负担。在一年级上学期，班级尝试开展E时代下指向朗读的"悦读"宝贝活动，以班级为单位设计朗读挑战任务，在班级中"你追我赶"，不甘落后，班级"阅读跑道"来了，学生坚持70天朗读，开启"悦读宝贝"的体验，让朗读潜移默化地进入生活，浸润童年。

班级里的孩子处于低学段，自我控制能力弱，但是父母关注度高，所以在挑战设置伊始，要最大限度地寻求家校的合作，充分发挥家庭的作用，形成家庭朗读氛围。通过"悦读倡议书"，向学生与家长阐明挑战的意义，赢得家庭的支持和配合，并明确每个月朗读的内容和日常操作的目标，让低年级的学生也能有清晰的规划和明确的目标。

怎样做才可以成为班级的"悦读"宝贝呢？班级的活动方式是这样的，从这个月起，学生要每天坚持在家大声朗读故事，还需要爸爸妈妈帮孩子在荔枝电台上传朗读录音，同时用腾讯文档把阅读内容和时长记录下来。设计阅读彩虹跑道，阅读正式开始的那一天，学生跃跃欲试，信心满满。大声朗读开始了，孩子们像比赛一样，每天坚持上传自己的读书录音……

语音网络平台的使用，充分发挥班级与家庭的力量，让孩子对共享朗读录音产生兴趣，在大数据时代体会传播、分享朗读的美妙，越读越爱读，越爱越分享。老师利用网络平台进行个性化的点评，针对孩子不同的起点水平，给予指导，进一步提升学生的朗读能力。

"挑战"的巧妙设计激发了学生的朗读热情，在30天时许多孩子已经朗读超过1000分钟，大大超出了教师的预期。其中对于个性化的关注，让每位学生都有自己的朗读收获，对于低学段的学生而言，学习常常需要"甜头"激励，不妨把朗读挑战活动设计成甜蜜的"糖果"，吸引学生主动坚持、尝试。

（三）搭建分享平台，巩固学生朗读兴趣

语音网络平台为学生的朗读创设了条件，同时也提供了分享的契机。班级的学生相互欣赏朗读录音，并进行点赞和评论，让学生收获展示的乐趣。分享不仅仅局限在班级里，应该给学生提供更大的展示平台，鼓励班级的学生"读出去"。巧妙利用年级公众号平台，使学生读的故事让更多人听到。

为学生创设条件，将朗读搬上舞台。鼓励班级学生参与演讲比赛，在更大的舞台展现自己的朗读成果。你知道古诗诵读也可以与戏剧相融合吗？在表演过程中体会朗诵的抑扬顿挫和意境，尝试引导班级里的学生将古诗朗读融合在情景剧中，以表演和诵读的方式展现，孩子们也表现出极大的兴趣，朗读寻求到了更大的展示平台。

春日里的诗
一年级七班朗诵表演
（5孩子场上，1孩子上台）
航：哇，快来看，学堂外的花都开了！
然：哇，忽如一夜春风来，千树万树梨花开。
涵：不合适不合适，那是冬天的诗句，现在可是春天啦！
童：对，应该是，黄四娘家花满蹊，千朵万朵压枝低。
慧：也可以是，竹外桃花三两枝，春江水暖鸭先知。
岳：还可以是，春色满园关不住，一枝红杏出墙来！
（一起开心笑）
童：嘘……
航：师傅来了，师傅来了……
师：咳咳，孩子们，昨天的古文

三、总结：加深朗读体验，收获朗读兴趣

学生借助"班级挑战""分享展示"，一步步对朗读产生兴趣。而"兴趣是最好的老师"，他们也在这样的过程中，让自己最近发展区朗读的"现

有水平"和"发展水平"都在稳步增长，收获了朗读的愉悦体验。从一年级到二年级，学生朗读有兴趣了，坚持语音平台上传，让朗读在挑战中潜移默化地成为自己的生活习惯；从一年级到二年级，学生朗读水平提高了，在二年级上学期的朗读测评中，对班级学生从正确、流利、有感情、响亮四个维度进行测评，与刚入学相比较，表现出很大提升，源于在课堂上的朗读实践，更源于在生活中的尝试、体验。

学生的朗读兴趣也激发了他们的趣味创编，在居家学习的疫情期间，学生自编、自读诗歌，小组内每周利用网络进行"朗读云分享"，利用荔枝平台分享每日的朗读成果，积极参与各级各类朗读比赛与演讲比赛……这是他们对朗读产生兴趣最重要的见证。

以上是以教授的低学段班级为例，所进行的朗读实践与探索。在朗读中全面分析学生的阅读现状，关注学生朗读的"个性化"。借助多媒体技术改变传统教学方法，创新朗读方式，以"朗读挑战""展示平台"激发学生朗读兴趣，创设学生"摘得到"的朗读"果子"，使学生的最近发展区不断得到确定、发展，提升学生朗读兴趣，促进学生朗读能力的不断提高。

北京亦庄实验小学　林琪琪

兴之所起，诵之入心

——浅论小学生朗读兴趣的培养

说起书声琅琅，我们想到的画面是什么样？朝阳初升，一间教室，学生手捧书本，投入地朗读着，清朗而响亮……这本应是再正常不过的场景，但现实中系统化、自主化的朗读学习并未出现。

一、现状及问题

基于前期关于E时代下培养小学生朗读能力策略的课题研究，发现在实际朗读教学中存在以下现象：

（一）学生习惯欠缺

学生没有晨起而诵的意识，特别是有些班级学生来得早，你会看到学生在廊道里躲藏游戏，却鲜少见到放下书包，坐在座位上静心读书的身影；学生的朗读词不成句、句不成段、磕磕绊绊，声音毫无起伏、了无生气。课堂朗读中有些学生对文本内容理解得还不够深入，简单模仿范读中的语音语调，缺少自己的主观感受。长此以往，学生无法形成良好的朗读习惯。

（二）教师重视不够

一线教师普遍把朗读看作是课堂教学的一个过渡环节，缺少系统研究，教学方法和评价手段单一；平时忙于日常教育教学工作，对学生朗读的过程性材料收集和数据分析，鲜有时间和精力去处理；自身朗读水平有限，缺乏专业的朗读培训及实操，不能够给予学生有效指导。长此以往，学生越发对朗读失去兴趣,朗读能力难以获得提升。

朗读是多感官共同作用的过程,也是培养学生语感、积累语言素材,获得情感体验的重要途径,能够帮助学生提高其语言综合能力。如何做才能让学生爱上朗读、形成习惯、提升能力,从而获得长久的受益?

二、朗读兴趣的培养

朗读是一门艺术,是读者与文本沟通的桥梁,是对文本的理解与再创造。但朗读又是一件高难度的事情,相比于默读遇到不会的字,可以跳过去不影响对内容的了解,而朗读却需要注意字正腔圆、富有韵律、适当停顿、声情并茂等。这就需要我们研究行之有效的策略,让学生摒除畏难心理、尝试朗读、掌握方法、长期坚持、形成习惯,进而爱上朗读。本文拟从以下几个方面来考虑:

(一)内容的选择

好奇是动机的原动力,动机诱发行动,关注学情,激发兴趣。对于小学阶段的学生来说,绘本因其图画精美、富有内涵,激发学生想象与创造,而其语言句式结构清晰、明快,便于学生理解。相比一般纯文本更能激起学生的阅读兴趣,从中获得乐趣。儿童小说因文本贴近学生身心发展特点,与其生活相关联,自然能引起他们的兴趣。诗词歌谣因句式短小精悍、节奏韵律感较强、易于记忆,对认知能力尚浅的小学生来说,诵读起来更加朗朗上口,也是朗读的好材料。

教学中建议先由老师带头朗读,一方面起到示范的作用,另一方面是符合孩子爱听故事的天性。每个人能在同时间内"听"完一本书,避免有些孩子因为自身识字量少、阅读能力薄弱等因素导致半途而废。读的过程中注意声调的变换(语速的快慢、高低音的运用、声音的轻柔与响亮、善用停顿),一开头就要扣人心弦,吸引听众的注意,让他们舍不得离开。

(二)环境的营造

给孩子一个安全、舒适的环境。研究表明当人们对周围环境感到安全时，能更好地投入做事，更快地进入状态。我们可以利用班级晨诵、午读时间，或小组结伴朗读或教师示范朗读。组内、班群之间分享朗读、交流、互评。同时在朗读过程中营造仪式感，让孩子觉得每一次的朗读都如同一场盛宴。比如，我们在诵读古诗文时可以为孩子准备一些有时代感的小道具，帽子、折扇、杯盏、毛笔等等可让他们有身临其境之感。我们有责任帮助他们参与其中，帮助他们成为一名合格的朗读者和听众。用声音传递文字，用积极的反馈表达感受，让学生体验朗读，感受朗读的魅力。实现人人会朗读，人人爱朗读，兴之所起，诵之入心。

（三）教师的指导

授之以鱼，不如授之以渔。一是教师要善于利用学生的"内隐"学习，发挥自己的朗读示范作用。声情并茂的示范在前，学生模仿在后，直到化被动为主动，迁移到自己的朗读中，有自己真实的情感体验。二是教给学生朗读的方法。朗读前给予学生的方法指导避免空泛，要根据每一位学生的情况进行有针对性的具体指导；抓住文中的重难点，有侧重地指导。比如一篇文章人物对话所占篇幅很大，在朗读中可以引导学生角色代入，揣摩对话的语言、语气、语境，想象人物的表情动作，读出画面感；对文中的标点、停顿，要结合个人对内容的理解读出节奏感，注入感情色彩。三是创新朗读教学方法，尝试让朗读与戏剧、绘画、音乐、信息技术相结合，综合利用声、光、色、形等手段，给学生提供可多方位产生朗读兴趣的可能。

（四）评价的跟进

及时的评价激励很重要，对学生的朗读要予以积极的响应，既不破坏学生兴致，又能逐步增进学生朗读能力。随着年龄的增长，学生自我意识增强，他们更加在意外界对自己的认可和评价。故而，在评价中要讲究话术技巧，如何说、如何做能让学生更乐于接受、做出改变，这些值得我们揣摩研究。

除传统的纸笔检测外，建议将朗读纳入考核项目。笔者所在年级推出的期末闯关、单项测试，即是朗读评价策略的一种优化。制定适切的评价量规，使教师在实际教学指导中有据可依，学生对朗读技能的学习也更清晰了然。在评价方式上应注意差异化、阶梯化，切不可搞"一刀切"。采用量化评分的方式时，可以设计一份"朗读周记录表"，家校协同参与记录，对孩子的朗读表现进行积分评价，重在鼓励学生坚持朗读。教师每周一评并给予学生评价和激励，特别是那些坚持不懈，较之前有进步的学生，调动他们的参与热情和竞争意识。

具体内容可参考下表中的量化评价标准：

朗读水平级	参与朗读态度	朗读正确程度	朗读流利程度	情感表达程度
A级（优秀）	积极主动参与	朗读时字音全部正确，无错缺漏增现象	朗读非常流利，无回读、拖音及停连不当	准确生动表达情感
B级（良好）	较为积极主动参与	朗读时不多于2处（≤2）	朗读较为流利，拖音可及时纠正，回读及停连不当不多于2处（≤2）	较为准确地表达情感
C级（合格）	参与较被动	朗读时错缺漏增现象多于2处但不多于5处（2＜错误处≤5）	朗读基本流利，拖音较为明显，回读及停连不当多于2处但不多于5处（2＜错误处≤5）	感情平淡，基本能够表达情感
D级（不合格）	被动或不参与	朗读时错缺漏增现象较多，多于5处（＞5）	朗读不流利，拖音明显，回读及停连不当多于5处（＞5）	欠缺感情，不能够表达情感
备注		错缺漏增现象：①前后鼻音不分；②平翘舌音不分；③n/l二音不分；④儿化音不能读准确；⑤不认识生字；⑥朗读时遗漏字；⑦朗读时增加字	正确停顿：①长句停顿；②标点符号停顿；③段落停顿	

（五）活动的创设

小学生普遍具有好乐、游戏的天性，其心理本能趋向于游戏精神。形式多样的活动，不仅能帮助学生建立与文本亲密的联系，而且能提高其朗读能力，实现学生乐而善学，教师乐而善教。

叶圣陶先生在朗读教学中指出："不能单从文字上揣摩，应当把生活经验联系到文字上去。"我们在朗读中可以采用角色扮演的形式，充分调动学生的想象，使其角色自居，与自身生活相关联，入情入境，有感而发。比如，笔者所带班级在绘本《嘘！小声点》朗读中，学生联系中午就餐的情境，进行绘本剧表演；在朗读《了不起的狐狸爸爸》时，组织"我为故事配插图"的活动，鼓励学生用插画的形式表达自己印象深刻的情节。这样的活动有助于学生深入理解故事，更积极地投入朗读中；在学习"梅兰竹菊"专题古诗文时，开展"飞花令"的活动。

借助网络平台的优势，给孩子提供展示的舞台。譬如现今流行的喜马拉雅、微信公众号、B站等，学生采用录音、录像的方式充当一本有声书或一部动画剧的设计者、配音者、绘画者、制作者等多重角色，既保持了朗读的兴趣，又满足了自我发展的需要。除此之外，不要错过各级各类活动展示平台，他人搭台，我方来演。抓住校内外朗读活动的机会，一次次磨炼，一次次成长。

三、结语

于永正老师曾说："教语文，首先要教好朗读；教好了朗读，也就抓住了语文。"朗读是一项基本功，是阅读的起点。

观念的改变导致行为的改变，行为的改变导致结果的改变。朗读能力的增长并非一蹴而就，是需要长期坚持训练才能逐步见成效的，而兴趣则是最好的启蒙老师。培养学生的朗读兴趣，教师和家长要足够重视。选择恰当的朗读文本，营造一个安全、温馨的环境，辅以具体有效的指导，及时的评价与反馈，创设形式多样的活动，是本文对培养学生朗读兴趣的策略探索与研究。明确目标，施以方法，持之以恒地练习，相信学生会逐渐养成习惯，爱上朗读。

愿明日的校园书声琅琅，活力四射！

北京亦庄实验小学　马澜汾

游戏理念　注重方法　兴趣引领　快乐诵读

——小学低年级韵文诵读策略

在语文教学中，韵文一般指的是儿歌或者蒙学古诗文，具有通俗易懂、合辙押韵、短小精悍等特点，读起来朗朗上口、富有情趣。韵文在中华经典文化中占有重要地位，目前在小学低年级统编教材中占有较大比重，日益受到关注和重视。韵文诵读是学习韵文的关键和有效途径。

但是，学生在韵文诵读方面存在着动机不够强烈、学习效率低等问题。因此，如何激发小学生学习韵文的兴趣和创造能力，提升课堂效率，让课堂焕发出生命的活力，是韵文诵读教学需要重点解决的问题。

儿童心理学家皮亚杰（1982）认为："游戏的发展是与认知发展的阶段相适应的，简单地说，游戏与认知是相辅相成的。"基于"游戏化"理念，开展韵文诵读活动，符合儿童认知规律，让学生在形式多样、趣味十足的诵读活动中熟读、感悟经典韵文。下面以国家统编教材经典韵文为抓手，以点带面，结合教学实践谈几点低年级韵文诵读策略。

一、配乐吟唱式，感受经典韵律美

由于经典韵文对仗工整、语言流畅，非常适合配乐吟唱，因此，可以为学生精心挑选适合吟唱的音乐做背景，或是为经典进行谱曲让孩子们演唱，在愉快的音乐声中感受经典的韵律美。如《声律启蒙》《弟子规》《诗经》《三字经》等，特别是在多媒体时代的大背景下，要充分利用网络吟诵资源。

下面以部编版教材一年级下册第五单元《人之初》这篇韵文的教学片段为例，谈谈该韵文诵读策略在教学中的具体运用。

【教学片段】

师：亲爱的小朋友们，现在我们一起来欣赏《人之初》带字幕的朗诵和吟唱动画片。

生：哇哇，我最喜欢看动画片了。

师：小朋友们在欣赏的时候，也可以小声跟着朗读和吟唱哦。

生：太好了！（睁大眼睛，状态兴奋）

（播放《人之初》先朗读后吟唱的动画片，小朋友们很热情地跟着朗读、吟唱）

师：下面我们来玩一个游戏，叫作"我是诵读吟唱小达人！"待会儿老师播放背景音乐，小朋友们跟随刚才熟悉的音乐，自己可以看着字幕朗读和吟唱哦。

生：没问题！刚才看视频的时候，我都差不多会背了，看我的！

（播放《人之初》背景音乐，学生看字幕，跟着背景音乐进行朗读和吟唱）

生：人之初，性本善，性相近，习相远。苟不教，性乃迁，教之道，贵以专……

师：小朋友们真是太了不起了！没想到大家朗读吟唱都这么厉害啊！下面，游戏难度可要升级喽！现在我们玩一个叫"拉圈对读"的游戏。游戏规则：小朋友们一起拉手围成一个圈，然后女生读第一句，男生读第二句，男女生对读！

生：太好了，我们要比一比，看看男生读得好还是女生读得好！

（游戏开始，男女生拉成圈，对读）

女生：人之初，性本善，性相近，习相远。

男生：苟不教，性乃迁，教之道，贵以专。

女生：子不学，所非宜，幼不学，老何为？

男生：玉不琢，不成器，人不学，不知义。

师：小朋友们真是厉害极了，有很多小朋友都不用看字幕了，真是太棒了！

生：老师，我今天晚上回家要配合我的小提琴伴奏，再唱一遍！

师：特别好的想法，小朋友们还可以把诵读、吟唱《人之初》融入声乐中……

以上是一个"配乐吟唱式"在教学中的运用片段，从"欣赏视频动画片"学生可以跟随模仿朗读和吟唱，到"听背景音乐"进行吟诵，再到"拉圈对读"，虽然是一个简单的游戏环节，但是层层深入，环环相扣，学生在趣味的吟唱中不知不觉习得了《人之初》的朗读、吟唱、背诵，完成了随文识字，也对中华传统文学经典逐渐产生兴趣。

当然，"配乐吟唱式"的方式不拘泥于上述的形式，在"男女生对读"的环节，也可以采用"对读+合读""朗读+对唱"等方式，总之，在趣味活动中让学生对韵文感兴趣，积极乐学，才是最终目的。

二、拍打节奏式，动手实践悟变化

节奏，即节拍，它具有韵律整齐的特点，在统编教材韵文的教学中，有节奏地诵读可以帮助学生快速找到文中语句在字数与对仗上的工整性。需要指出的是在打节奏诵读的时候，节奏要有变化，切忌千篇一律，也只有在富有变化的节奏中，学生学习汉字文化的兴趣才会更加浓厚。

这是一种让学生边拍打节奏边诵读的形式。最简便易行的便是通过敲击身体的某一部位进行诵读，如拍手、拍腿、跺脚等。为了进一步激发儿童跟随节奏诵读的兴趣，可以为孩子们准备一些打击乐器并进行分组，让孩子们随不同的乐器边敲击边诵读，或是一组击乐、一组诵读。在节奏诵读的过程中，还可以通过改变节奏、突出强弱来吸引学生。比如：改变打击速度，每一句的第几个字不读而是用打击声音代替，每一句的第一个字读重音，等等。

以统编语文教材一年级下册的《古对今》一课为例，这课的儿歌主要是以"古对今，圆对方。严寒对酷暑，春暖对秋凉"的形式组成，如果按照节奏读就是×/×/× 和×× /×/×× 这样的形式，学生在读准字音，读通句子的基础上，为了让学生读得更加入味，教师也可以让学生边读句子，边拍手，或者以击打桌子的形式进行诵读。

还可以创新一些易操作的方式吸引孩子，比如用"纸杯子"作为打节拍的工具，每个学生手里分别拿两个纸杯子，"对"字之前的节奏，左手杯子敲击桌面，右手纸杯不动；读到"对"字的时候，两个纸杯子相互击打；"对"字之后的节奏，左手杯子不动，右手杯子敲击桌面。具体分解如下：古/对/今（左杯、对碰、右杯），圆/对/方（左杯、对碰、右杯）。严寒/对/酷暑（左杯左杯、对碰、右杯右杯），春暖/对/秋凉（左杯左杯、对碰、右杯右杯）……后面都是和前面相同的韵律和节奏。这个方法在课堂上的游戏环节中收到了很好的效果，还是打节奏诵读，但用不同的方式和拍打介质，孩子们的新鲜感和兴奋度是不同的。

在学生诵读的过程中，为了激发学生的诵读兴趣，教师在指导学生打节奏的时候还可以先慢后快，后面越来越快，如此教学，学生记得牢，学得欢，教学效果也更好。

三、韵脚"找和"式，回环反复之应和

韵文有韵脚讲究的说法，有了押韵，学生在诵读的时候才会显得如行云之流水，也有了回环反复之应和，从而赋予句子以音乐之美，读起来也就会显得更加朗朗上口。这里的韵脚"找和"式游戏是指，先来"找一找"韵脚，然后再和一和韵脚。具体做法是，先找到韵脚，把韵脚圈出来，运用圈一圈的方法帮助学生发现每篇小韵文的韵脚。

接着，进入"和一和"的游戏环节，采用"和韵脚"的方法进行教学，以增加学生诵读的积极性。以统编语文教材一年级下册《小青蛙》一课的教

学为例，教师可以把学生分为三组，一组同学读"河水清清天气晴"，一组同学读"小小青蛙大眼睛"，另一组同学负责重复有韵脚的部分，也就是在"河水清清天气晴"后面跟读"天气晴"，在"小小青蛙大眼睛"后面跟读"大眼睛"。由此类推，学生一边读儿歌，一边拍手，这样的诵读犹如回声一样，富有音乐感和节奏感，学生学习兴趣盎然。在这种教学背景下，学生对韵脚以及押韵给自己带来朗朗上口的感受也更加深刻，从而更加热爱语文学习。

四、模仿表演式，停顿节奏演出来

低年级学生普遍有较强的表演欲望。很多经典都蕴含着多个形象动作，如《动物儿歌》："蜻蜓展翅半空飞，蝴蝶花间捉迷藏。蚯蚓土里造宫殿，蚂蚁地上运粮食。蝌蚪池中游得欢，蜘蛛房前结网忙。"一组孩子边诵读边扮演蜻蜓舒展翅膀在半空中飞翔，一组孩子一边诵读一边模仿蝴蝶在花间捉迷藏的情景，还有小朋友分别模仿蚯蚓、蚂蚁、蝌蚪、蜘蛛，玩得非常开心。

还可以每个人手中拿一张"卡片"表示自己所代表的事物。例如《对韵歌》中，班里小朋友手中随机拿到"云""对""雨""雪""风""花""树""鸟""虫""山青""水秀""柳绿""桃红"的图文对照词卡。全班同学可以一起配合表演朗读《对韵歌》，诵读到哪里，哪位小朋友就高高举起手中的卡片。一首《对韵歌》"云对雨，雪对风。花对树，鸟对虫。山青对水秀，柳绿对桃红"的韵文，在全班的配合表演中，孩子们有了参与感，这些文字就变得有趣和丰富起来。孩子们也在表演游戏的过程中理解"停顿和节奏"，而这是孩子们自己通过实践活动，通过游戏的方式体会出来的，远比老师直接讲出来效果好太多，也充分践行了杜威的"在做中学"。

还有不少经典是带有故事情节的，可以选取其中符合幼儿年龄特征的故事进行演绎，开设"韵文诵读小剧场"，给孩子们表演展示的机会，让孩子们爱上韵文诵读。

五、套用游戏式，诵读贯通课内外

除了课上，课下甚至回家的诵读巩固也可以在游戏的情景中实现。将藏猫猫、寻找宝藏等传统游戏融入韵文的诵读活动中，让孩子们可以边玩边诵读。在学校可以玩，学生回到家里之后，也可以和家人进行"亲子互动游戏"，让韵文诵读的热情从校园延续至家里，形成家校联动。

例如，在进行一年级下册韵文诵读教学的时候，将《姓氏歌》《人之初》《古对今》进行了整合，为孩子设计了亲子游戏化情景，让孩子们在游戏中自然巩固韵文。游戏的名字是"藏宝与寻宝"。准备5张纸（不要用太厚的纸）分别写上：指读《姓氏歌》一遍、自己拍手背诵《姓氏歌》、指读《古对今》两遍、和家人拍手诵读《人之初》、吟唱《人之初》第一节。将每张纸团起来。家长先"藏宝"，即将每个纸团放在某物下面，可以规定范围以便寻找，然后孩子"寻宝"，打开纸团，完成任务即为过关，通过一关之后才可以进行下一关，5关全部完成即为通关，取得游戏胜利。孩子在家里和家人玩得不亦乐乎。

除此之外，还可以借助图片、头饰、多媒体等各种教具，让韵文诵读变得趣味盎然，让学生"乐"学。

教学中的"游戏化理念"作为一种教学方式和态度，符合小学生身心成长规律和他们的游戏天性。韵文诵读的有效性策略，将机械单一的朗读变得丰富多彩，将学习与有趣的游戏联系在一起；让学生在形式多样、趣味十足、灵活高效的诵读活动中熟读、感悟经典韵文；让儿童在韵文诵读过程中充分发挥主体性与创造性，点燃每一位孩子，让其真正乐于韵文诵读。

北京亦庄实验小学　　白玉

"读"之评价

E 时代下提高小学生朗读水平策略初探

　　朗读是小学生语文课堂中不可或缺的重要组成部分，是我们完成阅读教育任务的基石，也是语文学习的基本功。《义务教育语文课程标准（2011年版）》四个学段（1～9年级）对朗读尤其重视，在阅读部分都率先提出："用普通话正确、流利、有感情地朗读课文。"并且在教学建议部分也提出："各个学段的阅读教学都要重视朗读和默读。"由此可见，朗读贯穿于语文学习始终，是语文"教"与"学"必须具备的一种能力。合理使用评价是提升小学生朗读水平的有效手段之一。当代社会迅猛发展，网络普及带给朗读教学新的机遇及挑战，如何利用网络资源优势对朗读进行多元多维评价，从而提升小学生朗读水平，是值得我们深入探究的问题。本文根据小学生年龄特点及认知规律，结合笔者实际教学经验，谈谈自己的看法。

一、朗读评价的要求

　　《义务教育语文课程标准（2011年版）》提出："能用普通话正确、流利、有感情地朗读课文，是朗读的总要求。"何为"正确""流利""有感情"呢？对于这三个要求，很多师生模糊不清，具体的教学和评价无法开展。通过查阅相关资料，我们将朗读评价的标准在此基础上细化："正确、流利、有感情"是朗读的三个梯度，层层递进。"读正确"是朗读的基础，进而做到流利、有感情。"读正确"即是要求学生在朗读时能使用普通话，发音清晰响亮，不错字、漏字、填字，不颠倒，不唱读，能够读出轻声和儿化音。"读流利"即是要求学生在朗读时读得流畅，不断读、不读破句，不重复。"有感情"即是要求学生在朗读时能够根据文章表达的需要运用不同语调读出不同语气，能合理使用重音和停顿，读出文章节奏，表达作者情感。

二、E时代下朗读评价的方式

教学过程中，有效评价不仅能够促进学生的"学"，还能提升教师的"教"，形式多样的评价方式更能激发、提升学生朗读的兴趣和水平。当下倡导"以学生为主体"的教学模式，除了教师评价外，学生也可以自评互评。尤其E时代下网络孵化出许多辅助朗读的应用程序，使评价更多元、多样、多彩。

（一）学生自评，增进自我认知

教师在教学活动中起主导作用，学生在教学活动起主体作用，朗读亦然。想要激发学生的朗读兴趣，就要充分发挥学生的主体作用，使学生成为朗读的"主人"。课堂上，教师绝不能为了走教学流程将朗读"流程化"，而要做好指导工作，引导学生深入文本内容多读多感悟。由于课堂时间有限，想要引导学生充分朗读可以使用课余时间，利用E时代网络平台资源，使"自评"丰富有趣起来。在笔者班级，一直使用荔枝手机客户端开展线上朗读活动，鼓励学生注册个人账号，录制朗读音频。学生利用线上软件可以进行多次录制，反复播放，最终提交自己最满意的录音作品。这样的录制过程，使机械枯燥的重复性朗读变得有趣起来，也使不少同学对下次录制抱有期待，潜移默化中提升了学生的朗读兴趣。

（二）生生互评，增强朗读兴趣

生生互评是我国课改创新下的一种新型评价方式。它不但能够发挥学生自身的学习能动性，调动学习热情，同伴间的称赞还能让学生体验成就感，增强学习自信心和内驱力。同样以笔者班级在线开展的朗读活动为例，每位同学在注册个人账号后都可以"关注他人朗读主页"，以自己的朗读获得关注并"收获粉丝"，同时也能对自己听到的音频进行点赞、评论，这样开放式的平台能让学生随时随地聆听同伴的朗读，并对"声音"做出评价，甚至为自己喜爱的声音点赞，成为他的粉丝。时下线上朗读的手机应用开放性强、功能多样、操作方便、易于掌握，颇受师生的喜爱，学生参与朗读活动的积极性倍增。

（三）师生互评，提升朗读水平

师生角色互换，让学生评价教师的朗读，对学生而言既新鲜又有趣，能有效激发学生朗读兴趣，还能培养学生专注倾听的好习惯。教师可以同学生一起注册个人账号，参与朗读活动，一方面能够起到范读的作用，另一方面还可以激发学生评价的兴趣，提升自己的朗读素养。

教师对学生朗读进行评价，重在突出教师的主导作用，对学生的朗读进行指导。教师要充分利用自身教学智慧，对学生的朗读进行长效评价，在朗读技巧等方面给予指导，进一步调节学生个人朗读训练的动态过程，从而提升学生的朗读水平。

三、师生具备的评价能力

（一）学生具备的评价能力

1. 制定评价量规，学生有依可循

朗读评价量规表可以帮助师生更科学、准确地对他人朗读进行评价，这不仅使评价有所依据，也使学生对朗读标准做到心中有数。在没有教师指导的情况下，居家使用在线朗读平台如何自评？如何为同伴评价？朗读评价量规就是很好的可参考、可操作的评价标准。当学生拿到朗读评价量规表后，不仅能够对照表格随时自评，还能够依据表格为同伴朗读打等级，使评价更具体、有效。

2. 规范朗读评价语，学生有话可说

教师在培养学生朗读能力的过程中，不仅要使学生"会朗读""会打分"，还应使学生"会评价"。教师对学生客观准确的评价能够促使其不断提升朗读水平，而学生模仿教师使用评价语对同伴朗读进行评价，不仅能提升朗读自信心和积极性，还能提升个人的朗读能力。所以，教师应先做好引领，例如在线上开展朗读活动时要关注、规范自己的评价语。例如在统编教材五年级上册第一单元《桂花雨》一文中描写桂花的句子，评价语不应只局限于一些鼓励性的语言："读得很好""读得非常棒"，更要具有指导性，如"读得很好，吐字清晰准确，我能从你朗读的重音中感受到桂花的香气十分诱人"，或"读得非常棒，声音洪亮，长句停顿得很到位，抑扬顿挫很有感染力"。这样评价具体、具有指导意义，可以引导学生模仿并实践，从而使学生学会评价。

3. 掌握朗读技巧，学生学有所得

朗读教学中，很多学生都会遇到这个问题：想要读好却不知道怎样才能读好，这属于典型的有"心"无"法"。所以，教授学生一些基本的朗读技巧就尤为重要，如长音及标点的停顿、重音、语调的抑扬顿挫等。但小学生年龄尚小，对概念性的内容不容易理解，所以教师在教授朗读方法时应循循善诱、不着痕迹，用学生喜闻乐见的方式加以引导并反复巩固练习。

（二）教师在朗读评价中应注意的技巧

1. 双线共行，营造良好朗读氛围

课堂是"教"与"学"的阵地，想要学生扎实落实朗读训练要素，教师就要在课堂对学生朗读方面的共性问题加以指导，对朗读中的重点问题进行解释说明，所以课堂环节必不可少；反之因为课堂时间宝贵，朗读指导不能过于烦杂，大量的朗读练习就需要学生课下自主完成。线上朗读活动丰富有趣，资源众多，时间充分且自由，真实的评价和点赞、关注能很好地激发学生朗读的内驱力，促使学生乐读爱练。课堂重点播，课余重练习，线上线下双线共行，能够为学生营造良好的朗读氛围，增强学生朗读兴趣，从而提升学生的朗读水平。

2. 激励为主，增强朗读自信心

《义务教育语文课程标准（2011年版）》提出："朗读评价应该采用激励性的评价，尽量从正面加以引导，在评价时要尊重学生的个别差异，促进每一位学生的健康发展。"尤其对于刚入小学低学段的学生，言行过激或使用批评的话语会使学生丧失朗读自信心，甚至自我否定。当然激励也不能没有标准滥用表扬，教师在使用朗读评价时要把握分寸。除了课堂教学环节朗读评价，教师还可以利用班级线上朗读活动的开展情况对学生进行评价，例如播放班级学生优秀录音、展示优秀个人主页、个人现场朗读示范等。朗读评价还可以与班级日常评价相结合，以赚取级币、获得印章、获得积分等形式，将朗读评价作为班级的一项评价内容列入班级总评。根据学生阶段性的朗读情况，教师要定期总结激励，利用奖状、班级超市、学生特权等小学生喜欢的激励方式对朗读较好的学生进行表彰。但要注意的是，教师的最终目的是提升小学生的朗读兴趣，所以教师在评价和激励时，不仅要表彰朗读较好的孩子，同时也要关注到那些阶段性进步较大的学生。

3. 评价准确，引导学生爱读乐评

线上线下，无论是学生自评、生生互评还是师生互评，都易出现评价语空泛，不够准确的情况，如你读得真好，你读得缺乏感情。学生接收到这样的评价语，对自己朗读时的优点不知所云，对缺点也无从下手，一切浮于表面，只是在走评价的"形式"而已。那么，怎样的朗读可被称为"好"？"缺乏感情"的朗读又该如何补正呢？这首先就要求教师的评价用语要准确，起示范作用："读得好"应具体阐释出"好"在哪儿，是"吐字清晰""字正腔圆"还是"停顿恰当"？"缺乏感情"应如何纠正，该"读出重音"还是"注意读好停顿"？这都是教师应在指导中关注的内容，有了指导，学生才能掌握一些朗读评价的基本方法，"评"才有所"得"，才能发挥评价的积极作用。

北京亦庄实验小学 王颖

参考文献：

〔1〕周益.小学语文课堂朗读训练策略初探〔J〕.科学大众（科学教育），2011（11）：85-85.

〔2〕张慧.浅谈小学语文朗读训练的策略〔J〕.新课程：小学版，2011（3）：54-55.

〔3〕李亚忠.小学生朗读方法的研究与应用〔J〕.小学生作文辅导（上旬），2017（05）.

〔4〕马小婷.小学低年级语文朗读教学的问题及对策分析〔J〕.学周刊，2019（14）.

〔5〕朱建智.浅谈小学语文的朗读教学〔J〕.考试周刊，2019（19）.

〔6〕张东菁.小学生的语文朗读能力培养研究〔J〕.中国校外教育，2018（02）.

〔7〕邵尧东.小学语文朗读教学策略与研究〔J〕.课程教育研究，2016（32）.

E 时代下如何通过量化评价和激励提高低年级小学生的朗读兴趣

朗读，就是一个将无声的书面语言转换为有声语言的过程，是眼、口、耳、脑协同作用的创造性阅读活动。叶圣陶先生说："阅读教学总得读。"于永正老师说："语文教学的所谓'亮点'，首先应该在朗读上。"朗读作为文字的情感载体，不仅能增强学生的语感，还能在朗读文字的过程中培养学生的审美能力，从而实现文字能力的全面提高。

随着当今社会高速发展，E时代下，小学生通过互联网、多媒体接触到的信息大大增加，综合能力水平较以往同龄学生显著提高，教育方法也应与时俱进。量化评价与激励的根本目的在于提高学生朗读兴趣，突出评价与激励的调控功能，激发学生内在发展动力，促进朗读能力不断提高。

一、量化评价的概念

量化评价与激励是从自然科学的办法中借鉴，结合低年级小学生课堂朗读情况实际，用科学的办法和手段解决低年级小学生朗读兴趣不高的问题。运用多种手段对低年级小学生课堂朗读表现进行量化评分，通过积分来获得相应的物质或精神上的评价和激励，从而激发学生的竞争意识，带动朗读兴趣的提高。

二、实施原则

（一）量化手段灵活，拒绝以偏概全

围绕提高低年级小学生朗读兴趣这一根本目的，运用多样化的量化手段，对学生的课上、课外的朗读表现进行综合评分，根据综合结果进行评价和激励，不能片面地仅通过某堂课某次朗读发挥突出就得到好的评价。

（二）体现人文关怀，拒绝唯分主义

班级里肯定存在朗读兴趣不高的学生，在量化评价与激励中很有可能得分不高，得不到好的评价与激励，这种负面影响会进一步降低朗读后进生的朗读兴趣，产生恶性循环。另外，一味强调量化评价与激励容易在班级里滋生"唯分主义"和"功利思想"，老师在实行量化评价与激励时，一定要格外关注这类朗读后进生，体现人文关怀，鼓励其上进，同时遏制"唯分主义"和"功利思想"，使量化评价和激励发挥应有的积极作用。

（三）注重民主公正，拒绝偏袒失信

民主与公正是量化评价与激励的立足之基，学生是量化评价与激励的实施主体，每个方面都需要民主决定，同时要保证公平公正，不能出现偏袒某个学生，或者在不同环境下，相同的朗读却得到不同评价的情况，使量化结果失去信用度。

（四）强化制度落实，覆盖课内课外

朗读不仅包括课堂朗读，还包括课外朗读，这就需要老师和家长通力合作，将量化评价和激励落到实处，对学生实现课上课下全程覆盖，综合打分，提高量化评价和激励机制可信度。

三、量化办法

（一）以一自然周为评价周期，一自然月为激励周期

低年级小学生兴趣持续时间短，转换目标快，必须长期保持小学生对朗读的兴趣，避免兴趣转移。因此，倡导量化评价周期"短、频、快"，以一自然周为最小周期，根据周积分多少评选每周之星，然后下一周积分清零，

重新评分，月底根据每周之星数量进行物质激励。这样较短的周期不仅有利于上周朗读表现不好的学生及时端正态度，改正错误，重新认真学习，还有益于表现优秀的学生互相竞争，不断上进。量化表如下：

星期	朗读内容	朗读水平	正确 ☆
			流利 ☆ ☆
			有感情 ☆ ☆ ☆
		自评：	伙伴评（家长评）：
星期一			
星期二			
星期三			
星期四			
星期五			
星期六			
总评	我在本周内得了（ ）颗星		
教师评语：			

（二）创新运用互联网 App，线上线下全程互动

一是利用微信、QQ群、荔枝电台等网络平台，由老师线上布置朗读作业，线下家长监督孩子完成朗读作业之后，通过网络平台进行上传，视为线上打卡签到，计入周量化分；二是设计朗读评分软件，将学生朗读录音导入评分软件进行评分，计入周量化分。通过这种方式将家长引入朗读兴趣培养体系中，实现线上老师互动，线下家长监督，对低年级小学生的朗读兴趣起到很好的引导作用。

（三）科学加权积分，提倡班级私教

针对班级里朗读兴趣不高或者朗读兴趣很高但朗读技巧较差的学生，专门设立私教加权积分，聘请朗读优秀的学生作为朗读私人教练，帮带上述朗读稍落后的学生，视周末稍差学生朗读成绩提高多少对私教生进行额外加权，这样既刺激优秀生不断提高自身朗读兴趣，又能对后进生进行提携，实

现双赢。

四、评价与激励的实施

在互联网时代背景下，科学技术已在人们的生活中发挥着越来越重要的作用。在教学中，也鼓励教师运用现代技术，促进教学的改进，达到事半功倍的效果。在朗读教学中，通过App的介入，实现线上和线下双向的评价与激励。

（一）借助现代科技的线上评价

随着互联网的普及，各种App为我们的生活和学习提供了很多便利。在朗读教学中，我们可以利用QQ、荔枝电台、喜马拉雅电台等网络平台，学生可以线上录音并发布，不但可以自己听到自己的朗读，同时还会有其他的用户对其进行关注，朗读次数越多，质量越好，获得的积分相应也会增多，同时还会收获一些粉丝，这些都可以增加学生朗读的成就感。这种线上的方式可以直接实现量化，教师可以让学生定期统计线上的朗读成果。

这种方式可在学校进行，但更适合在家里完成，让家长督促帮助孩子完成朗读，也可以把家长拉入朗读大军中，共同学习。

有些线上App可以实现朗读后就对朗读者进行打分，如爬梯朗读App等。这样的方式能够即时实现朗读评价，学生可以立即改进，每次朗读时，相信学生会很认真并反复地练习以期望取得好的评分。

（二）课堂上的线下评价与激励

1. 朗读评价可与班级内的日常评价体系相联系

几乎每个班级都有自己的评价管理办法。有些班级是通过印章的激励办法，有的是通过赚取班币的形式，不管采用何种形式都可以将朗读作为一项评价内容。朗读出色或进步的学生可以获得相应的班级累积分，如得到一个朗诵之星的印章。进行周评价或月评价，鼓励朗诵用心用力的学生，尤其是较之前有进步的学生，当然更要鼓励那些还要继续努力的学生。在进行量化评价时，一定不能缺失对还须进一步努力学生的关心。

2. 通过各种丰富的展示形式和激励性语言激励孩子的朗读热情

低年级的小学生具有丰富的想象力，相信童话世界，很容易被带入情境中，并乐意与文本中的人物对话，更喜欢把自己当成文中的角色。如果一个角色走进孩子的心里，孩子的感情自然会被激发出来。因此，在朗读教学中，我们可通过情景创设或一些道具的辅助更好地将学生带入情境中。

（1）依据角色，通过各种展示形式来提高孩子的兴趣

有趣的形式对低学段的学生有强烈的吸引作用，可以极大地提高学生的注意力和兴趣。因此，我们可以开展各种形式的朗读方式，除了常见的师生朗读、个读、小组合作读等朗读方式，并配以音乐、视频，我们是否可以有其他的展示形式呢？

每天早读的时间，学习古诗、小古文等中华传统文化诵读时，根据量化评价情况，可以为学生准备一把扇子，或一顶帽子，或其他能够体现古人特点的物品，孩子拿着一把古扇或身穿古人配饰，读起诗来就会有穿越之感。

如果是学习现代文章，可根据文中的角色设定让学生准备一些道具，辅助朗读学习。有趣的形式在提高学生的积极性方面还是能够起到一定作用的。

鼓励学生进行表演性的朗读，学生以类似戏剧表演的方式，将自己的面部表情、动作和语音语调配合有声语言进行朗读，能极大地提高学生的语言表达能力、思维能力和审美能力。

（2）善用语言的魅力，激励孩子的朗读

低学段的小学生，对老师有比较大的情感依赖，教师的课堂评价显得尤其重要。因此，除了显性的量化评价之外，我们还应结合教师的适当语言鼓励。当学生的朗读达到或达不到朗读的要求时，我们都可以用鼓励性的评价指导学生的朗读，让学生知道哪个地方读得好，哪个地方还需要改进，才能真正让学生思考，并在朗读中取得进步。例如：在学习《小狗找朋友》一课时（一年级上册），孩子对找朋友的热情是很高的。根据孩子读的情况，我会有如下评价：

"通过他的声音和表情，我知道他特别想找朋友。"

"知道她为什么读得那么好吗？因为她的身体一直在动。"（鼓励孩子在朗读儿歌时可以适当加动作）

"你读得很好，若是声音能再洪亮点，就会有更多的朋友听到了哦。"

我们在课堂上要尽可能多地运用表扬武器，做到"好话多说，坏话好说"，突出激励性，保证学生的信心。

五、结语

朗读评价是促进学生语感发展，提高学生朗读能力的重要部分。灵活运用好各种评价方式可以使学生在语言学习中收获更多的快乐。本文对朗读评价的讨论是在互联网的E时代背景下，我们借助现代科技实现线上和线下双向的朗读评价，并采用量化评价的方式，对学生的朗读进行阶段性的总结，增加朗读的趣味性，提高学生朗读的积极性。

学生的朗读也并不能完全由电子设备来辅助，教师的朗读方法指导是必不可少的部分，尤其对于低学段的学生，人文关怀、恰当的评价与激励，以及丰富的表现形式也是学生朗读中的重要一环。

朗读是贯穿一个人的整个学习生涯，或者说一个人一生的语言技能，朗读不可能一蹴而就，它是一个需要长时间关注并坚持的过程，希望我们的学生能从小养成愿读、乐读的好习惯，并慢慢会读，能从母语学习中获得更多的快乐。

北京亦庄实验小学　　孙静

参考文献：

［1］梁舒.小学低年级语文朗读评价方式初探［J］.基础教育研究，2013（5）.

［2］孙业超.浅谈小学语文的评价语言［J］.科学教育，2016（3）.

［3］马海燕.实施学分量化评价 提升课堂教学效率——采用"积分制"

激励学生提高课堂学习兴趣［J］.赤子，2015（17）

［4］刘广琼.中小学生班级量化管理的创新措施［J］.教学与管理，2015（9）.

［5］邱晨.小学语文课堂中学生表演性朗读的运用研究［J］.华中师范大学 硕士论文，2015.

下篇　"读"中实践

朗读为主的课堂教学设计

古诗：

诵"童真童趣"，感"夏日之美"

——统编本一年级下册《古诗二首》（第二课时）教学设计

一首表现的是孩童趣事，一首展现的是景物和谐，而这两首简单的小诗，离不开一个"池"字，离不开一个"夏"字，更离不开一个"趣"字。这就是统编教材一年级下册《古诗二首》中的《池上》《小池》，让我们一起走进夏天的小池塘，在朗读中感受童真童趣……

一、设计初想

本课的两首古诗分别为唐代诗人白居易的五言绝句《池上》和南宋诗人杨万里的七言绝句《小池》，描绘的都是夏天所见，前者叙事，后者写景。在设计之初要充分考虑到《义务教育语文课程标准（2011年版）》中对第一学段的古诗和朗读的指导意见，结合当前的要求来实施本节课：

1. 横向维度——关注单元，明确承载的重点

基于统编教材以单元为最小单位的编写理念，从教学内容的横向维度看，一年级下册第六单元围绕"夏天主题"编排了《古诗二首》、童话《荷

叶圆圆》、《要下雨了》3篇课文，从不同的角度展现夏日的特点，令学生感受夏天的美好。《古诗二首》描绘了夏天的人与景，《荷叶圆圆》表达了夏天的情趣，《要下雨了》渗透了夏天的气象常识。本单元的学习重点是联系生活实际了解词语的意思，教学时要贯穿整个单元，在《古诗二首》中适当铺垫，在《荷叶圆圆》中学习运用，在《要下雨了》中自主尝试运用。课文编排适合儿童诵读和积累，但朗读有不同的侧重点，《古诗二首》要读出节奏，并背诵积累；《荷叶圆圆》要读出情趣，并借助句式相近、段落反复的结构特点背诵；《要下雨了》关注对话，读好问答。教学时要关注《古诗二首》在单元中承载的解词和朗读任务，调动学生的生活经验，引发学生对美好夏日的探究兴趣。

2. 纵向维度——立足已学，把握引导的难点

从教学内容的纵向维度来看，一年级上册已编排《咏鹅》《江南》《画》《悯农（其二）》《古朗月行》《风》6首五言诗，《池上》应关注五言诗朗读和背诵方法的迁移；《小池》作为教材中的第一首七言诗，应关注朗读节奏的指导，本诗在原北京版教材中位于三年级下册，所以对诗中日常景物和谐相依的意境的感受，将会是本课学习的难点。同时，"夏天"主题是教材中第一次以季节编排主题，要引导学生观察、发现、感受，并重点启发学生以朗读的方式表达。

二、设计思路

设计要围绕孩子的实际学习情况展开，班级共有31名学生，基于学生的知识基础和心理需求来进行设计。

1. 知识基础——紧抓"识字"与"朗读"

在识字方面，学生能够借助拼音、组词等方法自主识字。依据识字前测，约75%的学生对"踪、萍、露、柔"等笔画多或不常见的字不认识，100%的学生认识"爱、角"，在教学中要有侧重地进行引导。班内有两名同学识字基础薄弱，要在教学中重点关注。在写字方面，书写时遇到复杂的生

字学生容易出错，"爱、树"等结构复杂、笔画多的生字是学生的易错字，需要老师重点指导。

在朗读方面，经过一年级上学期对五言诗的学习，大部分学生掌握了正确、有节奏读出五言诗的方法，但这是学生第一次正式学习七言诗，需要引导学生迁移朗读节奏和背诵方法。从朗读前测看，约80%的学生能够借助汉语拼音独立朗读短小的诗，约20%的学生能够边读边想象画面、表达情感，其余学生在学习过程中需要老师重点指导朗读。

2. 心理需求——看似"易"实则"难"

《池上》描绘的是顽皮小孩采莲的趣事，同是七八岁的儿童，学生与诗中描绘的小娃距离一下拉近，契合学生的心理特点和感受，这一点让学起来"易"，但是作为北方长大的孩子，几乎没有学生见过"采莲"和"浮萍一道开"的场景，远离孩子的实际生活，让想象变"难"；《小池》看似描写的是夏天池塘里的日常景物，但"泉眼""晴柔"等也是远离孩子生活，对池、泉、流、荷和蜻蜓间"相亲相依、和谐自然"的体会也很"难"。基于以上分析，在教学中，要及时跟进多媒体和语言描述，转"难"为"易"。

同时，设计要关注到一年级学生好动、爱玩、爱探索的身心发展特点，设计游戏和儿童化的语言，以孩子的视角"玩"转古诗，以"诗"引发孩子乐于继续探索夏天的兴趣，关注夏天的美好。

三、具体设计（第二课时）

通过本课第一课时的学习，学生已经基本掌握了认读字和词，对诗产生了初步的感受。基于设计初想、设计思路分析，确定本课教学目标与策略，在第二课时中将有侧重地落实。

（一）教学目标

1. 进一步巩固认识"首、踪"等12个生字；会写"爱、尖"2个生字。

2. 能正确朗读古诗，背诵古诗。（教学重点）

3. 能用联系生活实际、图文结合等方法了解"踪迹"等词意，初知古诗

大意。图文结合，感受诗中蕴藏的夏天的情趣。（教学难点）

（二）教学方式与策略

1. 情境教学：为达成感受诗中夏天情趣的教学难点，利用课本插图等来创设富有趣味、和谐自然的夏日情境。

2. 多媒体辅学：《池上》的采莲场景和《小池》中景物间的"相亲相依"，和谐自然的体会都远离学生生活，让想象变"难"，在教学中，要及时跟进多媒体，转"难"为"易"。

3. 以读代讲法：为达成"朗读古诗、背诵古诗"的教学重点，结合富有层次的指导、形式多样的方法，初知诗意，达成"熟读成诵"的效果。

（三）教学活动设计

板块一：回顾《江南》，进入夏天

1. 唱诵江南，唤起想象

（播放已学《江南》音频）这个画面大家熟悉吗？还记得这首诗吗？

【活动意图】联系旧知，唤起学生对于夏日情景的想象。

2. 联系生活，走入夏天

（1）刚才我们一起感受了诗中江南采莲的热闹场面，从大家的诵读声中我似乎听到了夏天采莲的欢笑声呢。

（2）下面就带着这种感觉进入我们今天的学习——池上（板书课题）。

【活动意图】与学生的生活经验相联系，唤起对于夏天的记忆，并关注其身心发展特点，与诗中的"小娃"相联系，以玩带学，引发兴趣。

板块二：读中再现，童年之趣

1. 想象画面

（1）读诗题（《池上》）。

（2）巩固识字：上节课认清了所有生字，一起复习。

（3）比赛读：比比谁读得最正确。

（4）自由读：边读边想这首诗里有谁？在干什么呢？

【活动意图】结合具体语言环境，回顾、检测上节课对于生字的掌握，采取赛读形式，激发学生识字兴趣。

2．初知大意

（1）分享——这是一个怎样的故事：诗中写的是谁？做了一件什么事呢？（小娃偷采莲的故事）

（2）师生接读：从你的语言表达中，能感受到这真是一个有意思的故事，让我们带着这种感觉（配乐）：

①和老师配合读读看吧，小娃——，偷采——，不解——，浮萍——

②再读读看，小娃撑小艇——

【活动意图】通过交流分享，引导学生了解古诗大意。在师生接读活动中，进一步感受古诗的画面。

3．读出情趣

（1）师生探讨主问题——这是一个怎样的小娃呢？

预设回答1：可爱、顽皮的孩子。

追问：把这种可爱、顽皮读出来吧！

预设回答2：偷东西的孩子。

追问：谁有不同意见，为什么？（"偷"却不会藏，播放动态图正面引导学生）

（2）带着想象自由读，读出自己的感受。（顽皮、可爱等）

【活动意图】通过引发学生对"小娃"形象的讨论，引导学生多元思维；通过"偷"字的讨论，对学生的价值观进行合理引导。

4．背诵积累

（1）学生唱读表演等，抒发情感（做动作、看动画）。

（2）尝试背诵。

小娃忍不住高兴地唱起来了……能背背看吗？

【活动意图】通过多媒体课件，创设情境，带领学生读、唱、背，使学生在此过程中获得美好的情感体验。

板块三：联想感知，和谐之美

池塘里除了爱玩的小娃，还有很多风景呢！让我们一起在读中感受吧！

1. 读准节奏

（1）学生自读，感受停顿。

先让学生自己感受七言诗的节奏，先自己判断节奏，再同桌互读。

（2）教师范读，查漏纠错。

通过教师示范读，引导学生感受总结不容易察觉的惜、爱、立后的停顿。

【活动意图】《小池》是教材中的第一首七言诗，教师范读指导节奏，有利于学生对新知识点的学习。

2. 感知诗意

（1）学生自由读诗：边读边想，诗中描写了哪些景物？（动笔圈画）

（2）联系生活经验想象"池、泉、流、荷、蜻蜓"等这些平日细小事物的样态，并交流分享。

【活动意图】引导学生联系已有的生活经验进行想象，渗透读诗想画的学习方法；找出诗中描写的景物为背诵搭建支架。

3. 读出情趣

（1）形成画面：跟进多媒体，将独立的景物相联系，构建一幅小池全景动态图。

（2）想象画面，练习朗诵。

相亲相依、和谐自然。杨万里把他对池塘的喜爱都融进这首诗里了。让我们再来读一读感受一下吧！

【活动意图】通过多媒体和课本插图的及时跟进，帮助学生联系事物，感受和谐自然、相亲相依的境界，从而启发学生读出诗中描绘的美好画面，并获得初步的情感体验。

4. 背诵积累

借助重点景物的圈画进一步背诵积累：尝试背一背吧？

【活动意图】学习借助重点词背诵古诗的方法，进而准确快速地背诵古诗。

板块四："尖"的探究

1. 学写生字"尖"字（书写小歌谣）。

竖钩变成竖，

左右两个点，

横在横中线，

撇捺很舒展。

2. 结合会意字特点：画出"尖尖的事物"。

3. 积累"尖尖的（　　）"短语。

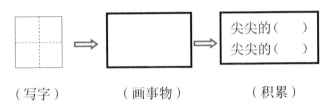

（写字）　　　　　（画事物）　　　　（积累）

4. 学写"爱"字：爪子头，秃宝盖，小朋友，真可爱！

【活动意图】对生字的学习，经历一个由写生字到画事物，再到积累短语的探究过程，加深学生对字的理解，引发学生识字的兴趣；联系学生已有的生活经验，并在此基础上体现思维的递进，引发学生的探究兴趣。

结束语：不同的诗人感受到夏天的不同乐趣和美好，细微的事和景色，都能这么有趣！用你善于发现的眼睛，去探究夏天的别样乐趣和美好吧！

课后延伸

作业一：推荐朗读（《晓出净慈寺送林子方》《采莲曲》）。

作业二：观察夏天的事物，交流分享。

【活动意图】将所学的方法迁移运用到相似古诗中，现学现用，拓展内容；引发学生对于夏天乐趣的探究兴趣和表达欲望。

四、教后反思

在整堂课的设计和实施过程中，关注低学段学生的心理需求和知识基础，有以下亮点：

首先，借助学生已有生活经验及插图等引导学生想象诗中描绘的画面，从而了解诗意、感知诗情、读出情趣，进而背诵积累。其次，在学习时依据学情指导朗读，层次分明，方法到位，依据两首古诗的不同特点，确定不同、多样、具体的朗读指导方法，调动学生的观察、发现、感受，并重点引导学生以朗读的方式表达；同时，关注语文核心素养的培养，重点培养学生的想象力和多元思维能力，如《池上》对于小娃形象的师生探讨，巧妙地将"偷"字进行理解，让学生感知此"偷"非彼"偷"，在无形之中发挥语文学科的育人优势，培养思维的"开阔性"，设置问题让学生去猜想和推断，培养学生发散思维能力。最后，基于探究性学习活动的设计，有利于学生立体全面掌握知识，如课后探究性作业设计等。

但是，在想象朗读的环节，教师对学生理解古诗的程度把握不准，不能清楚地判断如何教、如何学。可尝试课前让学生绘制古诗画面，前测学生对古诗的理解程度。课上还可选取典型图画一同欣赏、分析，拉近孩子与画面距离，边读边想象画面的引导将会更自然。

《池上》中的童真童趣，《小池》里的和谐之美，都将我们带入夏天，在读中徜徉，在诵中感受。让我们与古诗为伴，与自然相约，感受字里行间的无穷魅力吧！

北京亦庄实验小学　林琪琪

《晓出净慈寺送林子方》教学设计

教材分析：

《义务教育语文课程标准（2011年版）》中表述：1～2年级的阅读目标之一是"诵读儿歌、儿童诗和浅近的古诗，展开想象，获得初步的情感体验，感受语言的优美"。

本单元的人文主题是"大自然的秘密"，围绕这样主题编排组织单元学习内容，意在让学生通过语言文字运用训练和语文能力的培养，在理解课文的过程中逐渐产生探索自然科学的兴趣和热爱大自然的情感。本单元编排了四篇课文，分别是《古诗两首》（杨万里的《晓出净慈寺送林子方》、杜甫的《绝句》）、《雷雨》、《要是你在野外迷了路》和《太空生活趣事多》。这四篇课文让学生感受大自然的无穷魅力，同时还为了落实具体的阅读训练要素，即"提取主要信息，了解课文内容"和"联系生活经验，了解课文内容"。

《古诗两首》中的《晓出净慈寺送林子方》是宋代诗人杨万里早晨出门送别友人时即景起兴而作。作者先发感叹，再写实景，虚实结合，表现手法独特。全文语言浅近明白，生动描绘了六月西湖独有的美景，色彩明丽，意境开阔，由衷地表达了诗人对西湖的赞美之情。

根据课标，教材单元主题以及这首诗歌的特点，在教学中的重点是：认识"晓、慈"等5个生字，会写"湖、莲"等4个生字；能正确、流利地朗读古诗，背诵古诗。难点是：引导学生体会"无穷碧""别样红"等关键词语；能初步了解诗句的意思，说出诗句描绘的画面；对大自然的美好景色充满热爱之情。

教学目标：

1. 通过联系旧知、熟字带生字等方法，引导学生认识"晓、慈"等5个生字，会写"湖、莲"等4个生字。

2. 通过教师范读、古诗对比理解、创设情景表演等活动，让学生能够正确、流利地朗读古诗，背诵古诗。

3. 通过图片展示、激发想象，让学生初步了解诗句的意思，说出诗句描绘的画面。

教学过程：

一、引入诗题

1. 如果让你用一元钱看风景，你会看到什么风景呢？

其实一元钱上，我们可以看到这样的风景（出示一元钱背面的图片）。——没错，这就是杭州西湖十景之一，三潭印月。宋代著名诗人杨万里也写了一首关于西湖景色的诗。引出题目《晓出净慈寺送林子方》。

2. 认记生字：晓、慈。

"晓"是早晨的意思，净慈寺是西湖边一座有名的佛寺，林子方是诗人的朋友。

二、初读感知

1. 教师范读古诗，读准字音，读好停顿。

2. 问题串联，提取信息，说说这首诗主要描写的是西湖什么季节的景色，具体描写了什么景物。

3. 指导书写"湖""莲""荷""穷"。引导交流。

设计意图：能够从字面中提取信息，知道诗歌描写的是什么时间什么地点的什么景物；掌握"莲"的笔顺、"莲""荷"的结构、"湖""穷"重点笔画等。

三、品读感知

1. 通过品读和想象，理解"无穷碧"和"别样红"。

2. 对比《小池》，体会《晓出净慈寺送林子方》。《小池》描写的是初夏的荷叶像害羞的小姑娘，才刚刚露出水面，尖尖的，还有蜻蜓立上头，是一种动静结合的美。《晓出净慈寺送林子方》描写的是盛夏莲叶多而广，荷花盛放，是一种震撼人心的壮美。

3. 回到诗的前两句，面对这热烈壮美的西湖美景，难怪诗人要发出这样的赞叹！出示前两行诗歌，老师示范读。

设计意图：通过品读，想象诗歌的画面，那碧绿的颜色向天边延伸去，和天相接，几乎看不到尽头。正是因为在太阳的映照下，荷花显得更加娇美、艳丽。通过《小池》描写的初夏荷塘景色，理解盛夏西湖荷花盛放的美景。并且在朗读中能够认记"毕竟"，读准"竟"是后鼻音，体会诗人兴奋感叹的语气。

四、升华诗情

创设情境剧情表演：

第一场：请一名学生演杨万里，另一位演林子方，老师负责旁白，描述他们看到的景色。扮演杨万里的同学吟诵诗歌。扮演林子方的学生说一说听到这首诗的感受。

第二场：扮演杨万里的同学描述自己看到的景色。林子方扮演者来诵读这首诗。

设计情景表演的三个意图：1. 让学生能够置身其中去体会诗歌描写的画面。2. 在前面诗句欣赏的基础上，能够有感情地朗读，尝试背诵出来。3. 升化诗情，站在主人翁的角度体会为什么送别友人要写景色，能够大致理解到：作者虽然没有专门写林子方和他的友情，但是在送别时候看到这难得的美景，主人翁心里都很愉快，也是难忘的回忆，成为流传百世的佳句。

五、拓展阅读

出示苏轼的《饮湖上初晴后雨》，引导朗读，大致了解诗句意思，老师引导理解"淡妆浓抹总相宜"。提出深入理解的问题：杨万里的《晓出净慈寺送林子方》是淡妆的西湖还是浓妆的西湖呢？

六、拓展作业

诗中有画，画中有诗，为"接天莲叶无穷碧，映日荷花别样红"这句诗作画。目的是让学生从"淡妆""浓抹"的角度去对比，六月盛夏的天气，莲叶"无穷碧"与荷花"别样红"，体会诗歌描绘的浓墨重彩的画面艳丽。

七、板书设计

晓出净慈寺送林子方

宋·杨万里

接天　莲叶　无穷碧
映日　荷花　别样红

淡妆？浓抹？

北京亦庄实验小学　袁典

拓朗读方法，增朗读兴趣

——《绝句》教学设计

一、文本解读

《绝句》是部编版教材二年级下册第六单元的第一课。本单元共编排了《古诗二首》《雷雨》《要是你在野外迷了路》《太空生活趣事多》四篇课文，皆是以"大自然的秘密"为主题。

《绝句》是唐代诗人杜甫所作的一首七言绝句。此诗，是杜甫在成都浣花溪草堂闲居时所作。诗歌中的自然美景，透出一种清新轻松的情调氛围。前两句，以"黄"衬"翠"，以"白"衬"青"，色彩鲜明，更衬托出早春的生机勃勃的气息。首句写黄鹂居柳上而鸣，与下句写白鹭飞翔上天，空间开阔了不少，由下而上，由近而远。后两句表明诗人是在屋内远眺风景，西岭雪山被包含在窗框之中，像画框中镶嵌着一幅壮美雪山图，门前即将驶向东吴的客船静泊，意境深远。"千秋"是时间上的恒久，"万里"是空间上的广阔。整首诗对仗工整，朴实自然，一句一景，远近交错，动静结合，有声有色，构成了一幅绚丽多彩、清新开阔的画卷。

因此，在教学中，一是借助多种形式的朗读，在朗读中体会全诗的对仗和节奏；二是可以借助插图，诗画相融，结合插图想象画面，感受早春的生机盎然。

二、学习目标

1. 学生运用归类识字等方法，能够认识"绝、鹂、鸣、含、岭、泊"6个生字；能够理解"含"的含义并书写。

2. 运用自读、对读等多种朗读方法，能正确、流利地朗读古诗；并初步掌握七言诗的节奏规律，尝试读出古诗感情基调。

3. 通过朗读、节拍、吟唱等多种方式，激发学生朗读古诗文的兴趣，热爱古诗文。

三、学习过程

【板块一】了解作者，解读诗题

1. 交流作者，引入课题

步骤1：唐朝是我国诗歌鼎盛时期，诞生了很多位大诗人，比如？（李白，杜甫）全班交流，学过杜甫的哪些诗？

（预设：《绝句》《江畔独步寻花》）

步骤2：出示课题《绝句》并板书，齐读课题并讨论。

（预设：这首《绝句》和另外一首有什么关系？为什么都叫"绝句"？）

步骤3：了解"绝句"概念，区别五言绝句和七言绝句。

设计意图：在交流谈论中引入诗题，并在疑问中了解"绝句"概念和分类，鼓励学生思考，在思考中拓展知识。

2. 了解背景，奠定基调

其实，当时唐朝刚刚打了胜仗，杜甫回到成都的草堂，心情非常好，看着这生机勃勃的春天美景，一口气写下四首诗，都没来得及取名字，所以就都叫《绝句》。

【板块二】朗读古诗，感知诗意

1. 初读古诗，读准字音

步骤1：自由朗读，读准字音。

步骤2：同桌互相读，相互正音，比一比谁读得正确、流利。

步骤3：指名读（检查自读效果）。

步骤4：齐读，要求读正确、流利。

2．读出节奏，展开想象

步骤1：教师示范朗读，学生倾听，听出节奏。

步骤2：分小组朗读，尝试读出节奏。

步骤3：齐读，要求读出节奏。

步骤4：孩子们，闭上眼睛再听老师读，看看你眼前出现了一幅怎样的画面？你的眼前看到了什么？

（预设：两只黄鹂鸟在树上鸣叫，一行白鹭飞在天空中）

设计意图：通过自读、互读、齐读、范读、男女生对读等多种朗读形式落实朗读目标。由字音到节奏，再到想象画面，循序渐进，读出层次，并了解朗读的方法。

【板块三】品味古诗，想象画面

1．从听觉和视觉上感知春天美景

步骤1：提取信息理解诗意。（自由读前两句，边读边用笔圈出诗中描写的景物）

（1）通过归类识字的方式，让学生学习"鹂、鸣"两个生字。

（2）通过"鸣"启发学生想象黄鹂快乐鸣唱，歌声动听；通过"上"引导学生感受白鹭飞得高远，姿态优美。（带着体会朗读）

（3）你来评价一下这两句诗好在哪儿。

（预设：色彩艳丽、对仗工整）孩子表达不清楚教师相机引导。

步骤2：感受诗中的色彩美。

（1）找出诗中写到的色彩。

（2）这么多色彩，给你带来什么样的感受？（带着感受朗读）

步骤3：体会诗歌的对仗。

（1）你们已经读得很熟练了，现在我们来玩一个对歌的游戏，老师说出第一句中的词语，你来对出第二句相应的词语。

（2）在对仗之中，读出节奏和生机盎然之感。

设计意图：本单元的教学重点是"提取主要信息，了解课文内容"。因此，学生圈画古诗前两句中所描写的景物，锻炼了学生提取信息的能力。在此基础上，由学生主导，作为旁观者评价杜甫所写的诗句，激发学生兴趣，在此过程中，体会前两句古诗的色彩艳丽和对仗工整的特点。

2. 从远景和近景中突破本诗难点

步骤1：学生自读后两句，思考哪些词语不理解。

步骤2：全班交流，突破难点。

（1）西岭是什么地方？为什么会有雪？含是什么意思？东吴是哪里？

（2）出示西岭雪山图片，借助课文插图看看诗人是在什么地方看美景的，并通过双手组框的动作引导学生理解"含"的意思。（西岭雪山像被包含在窗框之中，像画框中镶嵌着一幅壮美雪山图）

（3）指导书写"含"字。

（4）出示地图，感受成都到东吴的路途遥远。

（5）理解"千秋"和"万里"。

①提问：西岭上的雪是不是真的一千年没化，成都到东吴是不是真的一万里？

②结合以前学过的《望庐山瀑布》《赠汪伦》或《夜宿山寺》体会夸张写法。

③结合诗句理解"千秋"和"万里"是诗人用夸张的写法来写时间久、路途远。（指导朗读，读出时间的久远和路途的遥远）

步骤3：重复对歌游戏，感受后两句的诗歌对仗。

设计意图：后两句古诗为教学难点，既有难以理解的词语，也有学生不熟悉的地点。因此，在教学中，充分利用插图和动作让学生理解"含"字的意义和成都到东吴的路途遥远，让学生在直观体验中突破难点。再通过学习迁移，理解"千秋"与"万里"的夸张写法。

3．回顾古诗，感受意境

步骤1：出示整首诗，感受整体的格式对仗。

过渡：看来，这首诗不仅对仗工整，而且写得轻快活泼，让人看到了一幅色彩艳丽、生机勃勃的春天美景图。

步骤2：如果你就是杜甫，看到这么清新的景色，你会怎么读出这首诗？谁来试试？（学生体验，读出一二句和三四句不同的语气语调）

步骤3：在理解的基础上，读出韵味。（过渡语：现在我们都是杜甫，坐在窗前看着眼前的美景，一起朗读这首古诗，可以借助板书上的图画吟诵）

设计意图：通过简笔画让学生体会作者视线由近及远，再由远及近的变化。通过色彩上的体验感受春天生机勃勃、色彩艳丽的美景，读出整首诗的韵味。

【板块四】拓展朗读，激发兴趣

1．借助板书，回顾朗读层次

步骤1：出示《江畔独步寻花》，尝试读出这两首诗的节奏。

步骤2：你有没有发现这两首诗的共同点？（字数上、节奏上）

预设：你们太厉害了！你们不仅发现了这些诗字数上的共同点，还发现了节奏上的共同点。老师来告诉你们，这样每句都是7个字，一共4行的诗叫作七言绝句，七言诗在读的时候大部分停顿都是2/2/3。

2．拓展朗读方法

步骤1：古诗除了朗读以外？还可以通过哪种形式表现？

预设：吟唱、打节拍。

步骤2：尝试多种朗读方式。

学生自己尝试，随后分享，打着节拍朗读古诗（两种或三种节拍）；观看吟唱视频，了解古诗吟唱的方式。

设计意图：拓展学生学过的杜甫相同感情基调的《江畔独步寻花》，引导学生观察并思考，巩固上课之初学到的"绝句"这一概念，并让学生利用本课所学的朗读方法朗读古诗，为以后学习奠定基础。同时，拓展拍手和吟唱等不同的表现形式，激发学生诵读古诗文的兴趣。

四、板书设计

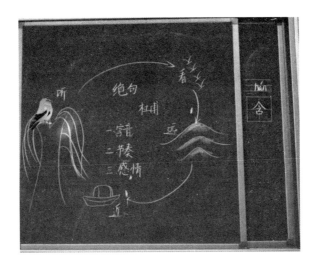

北京亦庄实验小学　郝秀秀

《古诗三首》文本解析与教学设计

课程要点：

围绕单元人文要素指明的学习目标，学习活动借助古诗对比进行设计，充分考虑学生的兴趣点和疑惑点，重点落实以下学习任务：

1. 认识"塞、秦"等5个生字，会写"塞、秦"等10个常用字。

2. 有感情地朗读古诗，背诵古诗，默写《出塞》《夏日绝句》。

3. 借助注释和资料理解诗句的意思，体会诗人的家国情怀。

文本解析：

本课由三首古诗构成，分别是王昌龄的《出塞》、王翰的《凉州词》和李清照的《夏日绝句》。其中前两首为唐代的边塞诗，最后一首为怀古诗。

边塞诗，又叫出塞诗，以描写边塞汉族军民生活或描写奇异的塞外风光为题材。从初唐至开元盛世，唐朝在我国西北（主要是西域）开拓了广大的疆域范围，朝廷有大量的戍边军队驻守在漫长的西北疆域线内，西北边境内外各游牧民族对大唐势力范围的军事威胁始终未能彻底消除。军队中除了需要带兵打仗的武官，还需要一批文官随军掌管公文事务，这样一来，大批的文人就有了去边塞参战的机会，"边塞诗"也就由此而生。

《出塞》就是王昌龄27岁到西域游历时，看到边塞风光，见证了边塞的金戈铁马，挥笔而成。王昌龄生在盛唐，这一时期，唐王朝在对外战争中屡屡取胜，人民的自信心极强，因此这个阶段的边塞诗人的作品中，多能体现出一种慷慨激昂的向上精神和克敌制胜的自信心。但王昌龄的《出塞》不同，全诗感情深沉，慨叹边战不断、国无良将，全诗反映了诗人对驻守边疆的将士们久征未归的同情，也表达了诗人希望朝廷起任良将，早日平息边塞战争，使国家得到安宁、人民过上安定生活的美好心愿的爱国之情。《出塞》虽为作者年轻时的作品，却气势雄浑，更被后人推为唐代七绝压卷之作。诗的大意是：从秦汉以来，明月就这样照耀着边关，征战万里、守卫边关的将士至今还没有归来。如果英勇善战的李广将军还健在，绝不会允许敌人南下越过阴山。诗的首句从明月照关的景象写起，修饰"月"和"关"的两个时间定语"秦时"和"汉时"并非说明月属秦，关属汉，而是想表达防边筑城的措施始于秦汉，可见边关忧患的历史已经十分悠久。接着，诗人触景生情，写出次句"万里长征人未还"。"万里"极言边塞和内地距离遥远，空间辽阔。"人未还"又令人不得不联想到战争给人们带来的灾难。这一句既叙事又抒情，在深沉的感叹中暗示当时边防多事，表现了诗人对于久戍士卒的深厚同情。三、四句，诗人寄希望于有能像汉代李广那样的将军，如果有他在，匈奴岂敢如此猖狂，怎敢跨越阴山一步。这两句融抒情与议论为一体，表达了希望边关能够巩固、国家安全与统一能够实现的心情。

《凉州词》也是盛唐时期的一首边塞诗，这是一首描写边塞军旅生活的名篇，短短几句就展露出一个边关战士的壮志豪情。这首诗歌的写作背景大致是这样的：诗人由于与当时权倾一时的丞相张说交往甚厚，受张说提拔为驾部员外郎，可谓是春风得意。诗人长途跋涉到遥远的西北边塞，晚上，当地戍边守将设宴热情款待诗人，守将久仰王翰的大名，于是请他展示才艺。王翰看到葡萄酒、夜光杯等满席异域风情的美酒佳肴，欣赏着琵琶胡曲，想到遥远的旅途跋涉中的辛劳和沿途空旷苍凉的风景，以及唐朝雄伟壮丽的河山、戍边将士们粗犷爽朗的豪气，禁不住被此情此景所感染，于是豪情勃发，写下了这首脍炙人口的诗歌。诗的大意是：精致的酒杯里盛满了醇香的葡萄酒，正要举杯痛饮，却听到马上弹起琵琶的声音在催人出发了。如果醉倒在战场上，请你莫笑话，从古至今外出征战又有几人能回？诗中写到的葡萄酒、夜光杯和琵琶都是西域特产，首句大家都还沉浸在宴饮之美，次句，马上的乐队弹起琵琶催人出发，这使得将士们心情大变，由热闹舒适的欢饮环境一下被逼到紧张激昂的战前气氛中。最后两句，诗人似在代将士倾诉衷肠，"古来征战几人回？"这个问句，夸张地展示了战争的残酷后果，但同时深化了诗歌的主题，抒发了将士即将奔赴沙场、为国献身、无所畏惧的豪迈感情。

《夏日绝句》是南宋著名女词人李清照经历了国破家亡，在南渡之后所写的一首怀古诗。这首诗写于1128年。1127年，金兵入侵中原，南宋王朝不思抗敌、逃跑妥协、忍辱偷生，李清照和其丈夫赵明诚自此开始了漂泊无定的逃亡生活。某天深夜，城里发生叛乱，身为知府的赵明诚没有恪尽职守指挥战乱，反而悄悄地爬下城墙逃跑了。作者目睹了宋朝统治者仓皇南逃，而北方的大好河山沦落敌手，在路过乌江时，有感于项羽的悲壮，创作此诗。诗的大意是：生时应当做人中豪杰，死后也要做鬼中英雄。到今天人们还在怀念项羽，是因为他不肯苟且偷生，退回江东。诗的首句鲜明地提出了人生的价值取向：人活着就要做人中的豪杰，为国家建功立业；死也要为国捐躯，成为鬼中的英雄。爱国激情溢于言表，在当时的确有振聋发聩的作用。但南宋统治者不管百姓死活，只顾自己逃命，抛弃中原河山，只求苟且偷生。因此，诗人想起了项羽，项羽突围到乌江，乌江亭长劝他急速渡江，回到江东，重整旗鼓。项羽自己觉得无脸见江东父老，便又回去苦战，杀死敌兵几百人，然后自刎。诗人一方面借古讽今，鞭挞南宋当权派的无耻行径；另一方面也是对丈夫逃跑行为的谴责，正气凛然，表现了诗人的爱国情怀。

这个单元的人文主题是"天下兴亡，匹夫有责"，在理解诗意的基础上，教师要引导学生感受诗人表达的爱国之情。三首古诗在教学时可以一首一首地教学，但没必要平均用力，如以第一首为例，学生在教师指导下，读准字音，读通诗句，再借助注释、创作背景和诗中典故来理解大意、感知诗人的家国情怀，最后在理解的基础上有感情地朗读、背诵。后两首诗采取自主学习、小组汇报交流、老师点拨指导的方式开展学习活动。也可以通过对比教学开展学习活动。首先对前两首诗边塞诗进行对比教学，总结学习方法：读通诗句—读懂诗意—有感情地朗读—背诵积累，并总结出边塞诗的定义和特点。随后学法迁移学习《夏日绝句》，最后对比三首诗的异同，感知古代三位诗人的家国情怀。接下来，笔者将选取第二种教学思路进行学习设计。

本课学习目标：

1. 认识"塞、秦"等5个生字，会写"塞、秦"等10个常用字。

2. 有感情地朗读古诗，背诵古诗，默写《出塞》《夏日绝句》。

3. 借助注释和资料理解诗句的意思，体会诗人的家国情怀。

学习准备：

搜集有社会责任感和爱国精神的古今人与事，查找李广、项羽等将军的典故。

教学设计：

【板块一】主题导入，揭示课题

1. 交流自己知道的有社会责任感和爱国精神的古今人与事。

2. 看单元封面图片，谈谈自己对"天下兴亡，匹夫有责"的理解。

3. 走进三首古诗，感受诗人的爱国情怀。

【板块二】对比学习《出塞》《凉州词》，领悟学法

（一）创设情境，理解课题

1. 板书课题《出塞》，提醒观察教师书写"塞"，解"塞"字的意思，借助图片了解"边塞"，点出作者的生平与出塞的关系。

书写提示："塞"字在书写时注意横画长短的变化和多横等距离。本课生字中，同样需要注意这两点的还有"秦""催""雄"等字，且"秦"的最后一笔是点。

2. 板书课题《凉州词》，讨论"凉州"一词（可出示其位置），探讨其与"塞"的关系。点出作者的生平与出塞的关系。

（二）学习字词，读通古诗

1. 自读古诗，读准字音，读通句子。注意结合诗句意思，读准多音字的读音。

2. 指名读诗，随机正音。

预设：多音字"还"读huán，意思是"归来，回来"；"将"读jiàng，意思是"将领"；"教"读jiào，意思是"令，使"；"葡萄""美酒"在古诗中不能读轻声。

3. 教师范读，多种方式朗读古诗：全班齐读，男女生比较读，打节奏读，配乐读等，读的过程中注意朗读评价和示范，引导学生读出边塞诗的豪放豁达。

（三）比较阅读，读懂古诗

1. 借助注释，读懂《出塞》大意。

2. 交流课前查阅的李广将军的资料，体会诗人的爱国情怀。

（1）飞将：汉朝名将李广，英勇善战，立下赫赫战功，对部下也很谦虚和蔼。匈奴惧怕他，称他为"飞将军"，数年不敢来犯。

（2）小组讨论思考诗人为什么要歌颂"飞将军"，引导学生联系前面的诗句感受诗人王昌龄的爱国情怀。

3. 结合注释和资料，用自己的话说说《出塞》的大意。

4. 用朗读读出将士和诗人王昌龄的情感和愿望。

前两句声音稍低，语调平缓，表达战争给人民带来的苦难和悲伤。后两句歌颂古代名将，语调稍高亢，表达对优秀将领的渴望。

5. 根据提示背诵积累《出塞》。

6. 总结学法。

读通诗句—读懂诗意—有感情地朗读—背诵积累。

7. 朗读《凉州词》，小组合作，借助注释读懂《凉州词》大意，用自己的话说一说。

8. 尝试将"醉卧沙场君莫笑，古来征战几人回？"改成陈述语句的诗。

预设：醉卧沙场君莫笑，古来征战少人回。想一想哪一句诗更好，为什么？感受边塞诗的豪放以及诗人和边塞将士的爱国之情。

随文识字："醉"左右等宽，右边部分最后一笔竖不要穿插到两个人字的中间。

9．有感情地朗读。

（1）指名朗读，相机示范、指导，读出豪迈之情。

（2）全班齐读，读出古诗的节奏和韵律，读出感情。

10．背诵积累《凉州词》。

11．对比朗读《出塞》和《凉州词》，发现它们的相同点。

预设1：都是唐代诗人写的。

预设2：都是描写边塞战争的。

预设3：地点都在中国的边塞。

总结：我们把唐代描写边塞战争的诗歌叫作边塞诗。

拓展：边塞诗的一些基本特点。

板块三　迁移学法，学习《夏日绝句》

（一）了解创作背景，引出课题

接下来我们要学一首诗也是描写战争的，但是与前面学的两首边塞诗却很不相同，在学这首诗之前，我们先来听一个故事——讲述李清照写这首诗之前的人生经历。板书课题《夏日绝句》。

（二）读通古诗（多种方式朗读《夏日绝句》）

（三）读懂诗意

1．结合导入中李清照写作这首诗歌的背景故事，谈一谈自己对"生当作人杰，死亦为鬼雄"的理解。结合理解朗读这两句诗。

随文识字："亦"下面部分是撇和竖钩，不要写成两个竖。

2．结合诗句"至今思项羽，不肯过江东"，讨论"项羽不肯过江东的故事"，思考"李清照为什么会怀念项羽不肯过江东的经历，那是一种什么样的精神？"

3．思考：如果你是宋朝当时的一名将军，面对敌军来犯，你会做出怎样的抉择，为什么？

4．再读古诗。

结合自己对这首诗歌的理解，再次朗读这首诗歌，感受李清照的气节与对祖国深深的爱。

（四）背诵古诗

创设情境——我们是宋朝大将门下的一名官员，面对外来侵犯，将军想临阵逃脱，请你吟诵李清照的诗歌来劝谏这名将军。

板块四　课堂总结，巩固生字

1．比较：想一想李清照的《夏日绝句》和前面我们学过的《出塞》和《凉州词》有什么不同之处？又有什么相同之处？

不同之处：

预设1：作者的朝代不一样，性别不一样。

预设2：《出塞》和《凉州词》是边塞诗，而李清照的《夏日绝句》不是。三首诗的社会背景不一样。

相同之处：这些诗都跟战争有关，都表达了作者深深的爱国之情。

2．巩固生字。

抄写《出塞》，《夏日绝句》，努力把字写正确、写端正、写美观。

北京亦庄实验小学　李曼钰

《题西林壁》文本解析与教学设计

新课标《义务教育语文课程标准（2011年版）》中对于"朗读"提出了明确的要求："能用普通话正确、流利、有感情地朗读课文。"[①]在小学的低、中、高每个学段中，课标都对"朗读"提出了独立的标准，由此可见语文教学中朗读的重要地位。同时，我们身处一个信息技术十分发达的时代，信息技术对于教育教学来说是十分有利的资源。在E时代下，探讨在课堂上运用多媒体教学技术将朗读教学落到实处，是十分有意义的。

一、E时代下利用多媒体进行朗读教学的理论支撑

随着信息时代的来临，不少教师自觉在朗读教学当中运用教育技术，主要运用多媒体课件、录音示范、幻灯片播放等方式。[②]这种E时代下的多媒体运用，既带给了学生一种新鲜感，同时也节省了板书的时间，便于更好地掌握课堂节奏，更高效地吸引学生的注意力，具有不错的教学效果。

考察运用多媒体信息技术在课堂进行朗读教学的理论脉络，可以发现其中有三种较为深厚的理论支撑：行为主义学习理论、多元智能学习理论与情境学习理论。

第一，运用行为主义学习理论指导朗读发音训练。行为主义学习理论将

[①] 引自中华人民共和国教育部制定《义务教育语文课程标准（2011年版）》，北京师范大学出版社，2012年。

[②] 参见李梦奇：2018年宁夏大学专业硕士学位论文《基于现代教育技术的初中语文朗读教学情境创设策略研究——以宁夏银川市某中学为例》，第4页。

人类的学习模式总结为"刺激—反应",两者之间通过"强化"进行连接,"积极强化"是正确的"刺激—反应"模式。正向强化练习越多,学习就越迅速。在目前多媒体朗读教学实践活动中,基于行为主义的理论进行练习。例如,广东地区的部分中小学采用多媒体技术制作好Flash动画,将拼音边音l、鼻音n的发音过程进行分解演示,利用发音软件,让学生进行跟读训练,成功实现了n与l的区分教学。

第二,运用多元智能教学理论解决朗读的感情体现问题。多元智能理论创始人加德纳认为,个体身上存在着与特定认知领域联系的七种智能:语言智能、节奏智能、数理智能、空间智能、动觉智能、交流智能和自然观察智能。因此,应当注重学生创造能力的培养,让七个方面的智能得到充分发展。在教学当中,应当通过多种渠道和方式在不同的实际情景中进行学习,在创造性活动中让学生习得真正的能力。多媒体活动将声音、图像、文字等集于一体,以生动的形式和丰富的信息量打破了封闭的朗读教学状态,调动多感官参与,促进学生真正朗读能力的"生长"。

第三,在情境中为语文朗读学习营造艺术氛围。情境学习理论认为,知识富有情境性,是活动、背景与文化产品的一部分,思维和学习只有在特定的情境中才会有意义。因此,情境学习注重技能的可迁移性和应用性,它根植于对真实的工作环境的模拟。运用情境学习理论进行朗读教学,在我们目前的课堂中,表现为实物演示情境、图画再现情境、音乐渲染情境与表演体会情境。在朗读教学中以图片、配乐、实物造境,或者学生的角色扮演,都是情境学习在朗读教学当中的应用。[①]

二、目前多媒体朗读教学中的特点

目前E时代下的小学语文课堂的朗读教学实践呈现出如下特点:

第一,课堂上学生的朗读时间不足;第二,学生朗读的目的指向性不

---

① 以上三种理论的阐释与应用参见陈晓红:2007年四川师范大学教育硕士学位论文《多媒体技术解决语文朗读教学"音准、感情"问题的应用研究》,第5–8页。

强；第三，教师对学生朗读的反馈薄弱；^① 第四，朗读情境华丽，但缺乏参与感；第五，朗读形式花哨，流于表面。^②

仔细分析，可以发现有很多对多媒体课堂朗读教学的误读和误用：

第一，多媒体手段的利用形式主义化。多媒体的使用目的是辅助教学，但是目前在朗读教学实践中一种较为普遍的现象是，为了好玩和形式多样而引入视频等材料，多媒体的使用偏离了教学目标，课堂教学在喧嚷热闹的表面形式下放弃了教学意图，目标跑偏，喧宾夺主。

第二，多媒体情境创设中教师完全退隐，缺乏引导。目前另一种朗读教学实践的误区是，在视频、音乐造境之时，教师放弃了话语权，信息技术占据了主导。没有教师的引导与言语感染，所造之境也显得乏味平淡——课堂成为信息技术板块的机械组合，而非生动流淌的真实课堂。

第三，多媒体使用模式化。目前我们一想到课堂教学中的多媒体使用，就会想到出示几幅图片，播放一段背景音乐，或者进行范读录音播放，将之固化为多媒体的使用，但是这些环节若没有精心设计安排，使之浑然天成，行云流水，则所有课堂皆为同一模子里套出来的固定化模式了，课堂也会失去魅力和创造力。

因此，教师在进行朗读教学过程当中，首先应当注意多媒体仅为辅助，以凸显朗读教学的核心目标；其次在使用多媒体技术时，注意锤炼教师的造境之语，使之富有文学美感和感染力，于无形中对学生的语文审美和朗读素养产生潜移默化的影响；最后，在多媒体的使用中进行精心安排，使之富于形式的灵活性，并贴合课程的实际需要。^③

---

① 参见窦素平《小学语文朗读教学的思考》，《学周刊》，2017（08），第180–181页［2017–09–05］。

② 参见毛明月，王玲玲《新课改视域下小学语文朗读教学存在的问题及对策》，《中国电力教育》，2010（30），第89–91页［2017–09–05］。

③ 参见陈晓红.2007年四川师范大学教育硕士学位论文《多媒体技术解决语文朗读教学"音准、感情"问题的应用研究》，第22–23页。

三、本人基于现代教育技术的朗读教学情境创设案例——《题西林壁》

教学设计：

本次朗读教学中所运用的多媒体手段：

1. 多媒体教学资源，其中包括多媒体PPT课件，背景音乐、图片场景等。

2. 智能手机App"腾讯QQ"，课后利用手机QQ上传朗读视频，进行群投票，获得最高票的前三名将会在微信公众号上面进行推送。

3. 电子白板，比投影仪更加清晰，具有人机交互性，并增加了师生的互动性。

教学目标：

1. 通过朗读理解诗意，习得古诗朗读技能，并热爱朗读，兴味盎然。

2. 理解"不识庐山真面目，只缘身在此山中"的哲理，并能用生活中的现象或例子进行说明。

教学重点：

读准字音，读懂诗意，读好节奏，读出意境。

教学难点：

理解"不识庐山真面目，只缘身在此山中"，能用生活中的现象或者例子来说明这一哲理。

学情预设：

本次教学的对象是四年级上的学生，很多学生之前都接触过这首诗，可能相当一部分学生能熟读成诵，但从真正读懂一首诗的角度来看，他们只是达到了能够背诵的程度，对于诗意尚不能理解，其中蕴含的道理也不甚明白，所以对于他们来说本诗仍然有值得学的地方和可学的空间。本课在京教版当中是放在四年级上学习，这个学段的学生认识事物仍然是以具象为主，因此对于抽象哲理"不识庐山真面目，只缘身在此山中"的理解，应当借助适当的生活化例子。

教学流程：

（一）导入——开门见山

同学们，今天我们要一起学习一首古诗。（电子屏幕上出示题目《题西林壁》）请学生读一读题目。

（二）释题——碰撞交流

1. 请同学们借助课下注释，说说对这个题目的理解，或有什么疑问。

2. 课堂提问与交流：

（1）理解古诗题目《题西林壁》的意思是"题写在西林寺墙壁上的一首诗"。

（2）了解正确的断句方法是《题/西林壁》。

3. PPT上出示并介绍"题壁诗"这一古诗题材。

4. 让学生猜测写《题西林壁》这首诗的原因，引出庐山的美景，电子屏幕上出示庐山风景和西林寺的图片，通过课堂提问与交流，让学生对庐山风景和西林寺有初步感知。

（三）学诗——四步读法

1. 读得流畅。（板书"流畅"）

（1）首先，教师进行范读。

（2）其次，请两位学生对照着文本及标注的拼音进行朗读，教师对学生朗读当中不准确的读音进行反馈。其中，提醒孩子"识"读二声，"缘"的拼音是"yuán"。

（3）最后，全班进行齐读。

2. 读得明白。（板书"明白"）

（1）请学生根据课下注释，自己疏通文意，把整首诗的意思连起来说一说。

（2）请学生说一说自己在疏通文意当中不懂的地方（可以指导学生关注"缘"和"此"这两个字的意思），并引发学生思考"岭"和"峰"的含义。电子屏幕"岭"和"峰"的图片，让学生猜哪个是"岭"，哪个是"峰"，总结特点，并板书"岭""峰"。

（3）向学生介绍读得明白的两种方法：讲故事和画诗歌。

"咱们班谁是故事大王，最会讲故事？咱们来请他当苏轼，讲一讲游庐山的故事吧！谁是小画家，咱们让他画一句诗——横看成岭侧成峰。"（出示PPT，上面显示文字："有一天，天气晴朗，闲来无事，我来到庐山，……"）

（4）让学生伸出手掌在自己的面前作为"五指山"，以五指山为例，让学生理解"横看成岭"与"侧成峰"的含义（板书"横""侧"），并自然地延伸到在生活当中的启示：同一件事物或者事情，从不同的角度来看，就会有不同的结果或者看法。

3. 读出节奏。（板书"节奏"）

（1）老师进行范读，重点读出《题西林壁》当中的四三停顿。

（2）请学生讲一讲自己有没有听到老师的朗读中藏着什么小秘密，引导学生自己说出并发现，其停顿是前四后三。

（3）引导学生说出每句七个字，共四句；接着，老师给出"七言绝句"的定义，并指出四三停顿是七言绝句的常用节奏型。

（4）请2~3位同学读出这首诗，重点指导学生读出四三停顿。学生在朗读过程中，可能有两种情况：一是停顿不明显，二是停顿过长，换气。教师通过示范告知恰当的停顿时间。

（5）请全班用四三节奏齐读这首诗。

（6）出示两首新诗《望庐山瀑布》和《大林寺桃花》，将学过的四三停顿节奏型进行运用。

4. 读出感受。（板书"感受"）

（1）教师范读。

题/西林壁

苏轼

横看成岭/侧成峰，

远近高低/各不同。

不识庐山/真面目，

只缘身在/此山中。

其中，"横看成岭"宜读绵长，"侧成峰"可读短促有力，读出直冲云霄之势，"远近高低"读出环顾四周之感，"各"字重读，读出庐山峰岭形态各异的多样性。"不识庐山"宜读出困惑之感，"真"做求解状，读时做强调，有疑问的语气，最后一句"只缘身在"有恍然大悟之感，"此山中"宜放低声量，做发现真谛之状。

（2）请学生说一说，听老师范读的时候，听到了什么，眼前有什么画面，猜猜老师为什么会这样读。并带着这样的画面感来读一读。

（3）老师教一教学生带着手势读这首诗。"横看成岭"时音读绵长，手势波浪状延伸；"侧成峰"时音短粗，手势快速向上冲；读"远近高低"时"远"声量小，"近"声量大，"高"时声量大，"低"时声量小，"各"字拖长，突出山的形态各不相同；"不识庐山"两手摊开，表示困惑不解，"真"字重读，突出想知道的心情；"只缘身在"读时拍手，做恍然大悟状，"此山中"时手点三下，压低音量，表示领略事物的妙理玄机。板书各节时代表情绪的符号。（学生也可设计自己的朗读符号，老师据课堂进行现场调整）

课前预设的朗读符号：

—— ⌐ ↑（横看成岭侧成峰）

○（远近高低各不同）

? （不识庐山真面目）

！ ……（只缘身在此山中）

课堂生成的朗读符号：

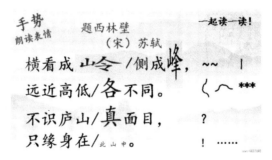

（4）学生自己带着动作，借用符号，读一读这首诗。请其中2～3位同学进行展示。

（5）全班同学集体带着动作，配着音乐，诵读这首诗。

（四）教师总结

复习回顾并电子屏幕出示古诗学习的方法：四读法。

作业设计（必做+选做）：

1. 必做：课后利用手机QQ上传朗读视频《题西林壁》，次日进行群投票，获得最高票的前三名将会在朗读微信公众号"读伴"上面进行推送。

2. 选做：（电子屏幕上出示杨桃图片）中国有一位作家，他写了一篇文章——《画杨桃》，其中的观点与苏轼在《题西林壁》中的见解不谋而合。请同学们下课读一读这篇课文——《画杨桃》，说说这篇文章与《题西林壁》在什么地方有相通之处。

板书设计：

题西林壁

横　　　　侧　　　　　　四读法
流畅
岭　　　峰　　　　　　明白
节奏
韵味

教学反思：

本次《题西林壁》的教学设计对多媒体课件进行较为熟练的运用，板书的呈现也运用了多媒体课件，并且加入了吟诵的背景音乐，对数字资源进行了合理运用和整合，并在最后作业当中运用QQ群和微信公众平台进行反馈与评价，较好地完成了此次朗读教学设计的目标。不足之处在于对朗读的反馈点评，不能单靠QQ群中的视频上传，因为在家的朗读作业质量有较多不可控因素，因此评价信度需要结合学校朗读表现进一步确定。

北京亦庄实验小学　田冰婉

参考文献：

［1］中华人民共和国教育部制定.《义务教育语文课程标准（2011年版）》，北京：北京师范大学出版社，2012.

［2］教育信息化十年发展规划（2011—2020年）［J］.中国教育信息化，2012（08）：3-12.

［3］余胜泉.推进技术与教育的双相融合——《教育信息化十年发展规划（2011—2020年）》解读［J］.中国电化教育，2012（05）：5-14.

［4］何克抗.学习"教育信息化十年发展规划"——对"信息技术与教育深度融合"的解读［J］.中国电化教育，2012（12）：19-23.

［5］窦素平.小学语文朗读教学的思考［J］.学周刊，2017（08）：180-181.

［6］毛明月，王玲玲.新课改视域下小学语文朗读教学存在的问题及对策［J］.中国电化教育，2010，（30）：89-91.

［7］于龙.语文课堂朗读教学的现状、成因及对策［J］.《课程·教材·教法，2015，35（08）：73-79.

［8］阮士桂，李卢一，郑燕林.TPACK框架下〈现代教育技术〉公共课课程改革探究［J］.现代教育技术，2012，22（08）：36-41.

［9］梁丽媸.浅谈信息技术与学科整合的认识［J］.中国信息技术教

育，2015（Z1）：117–118.

［10］李玲，胡卫星，蒋梅梅等.教育型移动APP的教学应用模式研究［J］.中国信息技术教育，2015（12）：82–84.

［11］李梦奇.2018年宁夏大学专业硕士学位论文《基于现代教育技术的初中语文朗读教学情境创设策略研究——以宁夏银川市某中学为例》.

［12］陈晓红.2007年四川师范大学教育硕士学位论文《多媒体技术解决语文朗读教学"音准、感情"问题的应用研究》.

［13］刘国栋.2017年延边大学硕士学位论文《小学语文多媒体课堂教学负效应及其规避策略研究》.

［14］张文娟.2017年鲁东大学硕士论文《全媒体时代高中语文课堂教学方法研究》.

现代诗：

诵四季之美，品四季之情

【教材分析】

《四季》是部编版教材一上第四单元的一首儿歌。作者通过对春天的草芽、夏天的荷叶、秋天的骨髓和冬天的雪人这几种代表性事物的描述，表现了春、夏、秋、冬四季的不同特点，表达了对四季的喜爱之情。

全文共四个小节，运用拟人化的写法，语言亲切且富有情趣，使用叠词，富有童趣且朗朗上口，葛小姐与岩巨石、结构大致相同，便于学生仿说。

课文所配四幅插图，色彩明丽，形象优美，便于学生观察和想象，是发展学生观察想象能力的媒介。

【教学流程】

一、激趣导入，认识四季（5min）

大家好！我是小颖老师。

听录音，说一说你听到了什么？是哪个季节的声音？（具有代表性的四个季节的声音，相机贴带拼音的词卡"春天""夏天""秋天""冬天"）

对比"夏""冬"这两个字，你发现了什么？（生：它们有一部分相同）你会发现，它们长得一模一样，这个部分我们称为"折文zhe wen"，跟我一起读：折文。以后你们还会见到很多带有这个偏旁的字。

那这四个词我们又可以用一个词来称呼：（书写课题）四季

【吸引学生注意力快速进入课堂状态，通过"听—视—认"的学习过程进入课堂，学习生字"夏""冬"，通过对比的方式学习折文旁】

二、走进课文，朗读诗歌（10min）

（PPT出示这首诗）孩子们，你们有什么发现？（生：分为四个部分）好，我们就来标一标，这是第一小节、第二小节……以后再遇到诗歌，我们就可以这样来标。快在课本上标一标吧！

请大家借助拼音读一读，在读的过程中圈出你不认识的字。

谁想来读第一个小节？认真听的我就会请他读第二个小节。相机点评读音。

咱们来玩个找朋友的游戏，小颖老师这里有四张图片（展示），谁能试着去贴一贴，贴在哪个季节最合适？

【初读小诗，认识诗的小节，圈画不认识的字词，学会整体认知，用贴图片找朋友的方式让学生感知季节和季节事物】

三、走进"春天"，感知春天（20min）

小颖老师有个小疑问，他们为什么这么放？先来看看第一个"春"，为什么这么放？不着急，你再来读读，读完想想为什么。（PPT出示春天的小节）

"草芽尖尖"

读一读做一做这个动作。你发现最上面这是什么？对了，就是"尖"！再看看这个"尖"字（字卡），你发现了什么？（生：上面小，下面大）看看"小"和"大"放在一起的时候，发生了什么变化？大+小就是尖，放在一起的时候小的小钩要去掉。

你知道什么是"尖尖的"？（生：尖尖的竹笋，尖尖的铅笔）"尖尖"很调皮，很爱翻筋斗，"尖尖的竹笋"翻个筋斗就变成了"竹笋尖尖"。看看老师这里有什么？（出示图片：圆圆的苹果等）她说一个，我们就帮它翻个筋斗。

现在谁可以再来读一读"草芽尖尖"？生个人读，集体读。

【识字"尖"。通过做手势的方式让学生关注字形：小+大，初步了解识字方法：加一加。形容词和名词的搭配方式。通过游戏"翻筋斗"让学生了

解形名的位置可以互换，并通过拓展更多的搭配，让学生学会灵活运用，为下一步的创编打好基础】

这一次小草芽要破土而出了，草芽一开始在哪里啊？（生：在泥土里）

师创设情景：春风轻轻地吹，春雨绵绵地下，小草要准备破土而出啦！破土而出的你看到了什么？（生回答）你又听到了什么？（生回答）你有什么感觉？（生：看到了蓝天大地，听到了小鸟的鸣叫）草芽带着春的气息来啦，于是你伸个懒腰对小鸟说——（生：我是春天）你抖抖身上的露水，欢快地对小鸟说——（生：我是春天）你望着蓝天，开心地对小鸟说——（生：我是春天）

小颖老师有个问题，小草芽看到了那么多事物，为什么要对小鸟说呢？（生：小鸟离它最近）

（字源识字）这是"春"最早的写法，你看，小草、花朵和太阳，就代表着春天来啦！

还有一个生字宝宝来找大家玩啦！（出示生字宝宝：说），一起读。看看小颖老师再怎么说？（小声地说）还可以怎么说？（生：大声地说，开心地说）

（出示PPT第一小节）刚破土而出的小草芽们，看到了蓝天白云，看到了小鸟，它好开心啊！谁想再来读一读第一小节？师指导。

【通过教师引导进行想象，创设情景练习朗读，并相机用字源识字的方法学习生字："春"】

瞧，春天的小伙伴们都来了！（出示PPT：花朵、柳树、春风、燕子、麦苗等）

谁能找找它的伙伴，试着说一说？

仿说：　　　，他对　　　说，我是秋天。

【前期的朗读练习和季节认识为接下来的创编做好了铺垫，通过提问"春天的小伙伴还有什么呢？"引导学生关注春天的景物，说一说景物的特点和离它最近的东西进行创编】

四、学写生字（5min）

指导书写"天"：

1. 观察汉字，说一说有几笔，进行书写；

2. 观察字形，说一说书写要点；

3. 评价反馈，展示优秀书写，关注问题，全班进行纠错。

北京亦庄实验小学　王颖

《乡愁》教学设计

教学目标

1. 通过欣赏和朗读，培养学生朗读诗歌的能力。

2. 能够通过赏析诗歌中的字词来体会余光中诗歌的意蕴。

3. 激发学生走近诗人余光中、亲近诗人作品的欲望。

教学过程

一、歌曲导入——衬托诗歌教学氛围

1. 由《月之故乡》导入。

上课铃声设定为这种音乐真是太好听了，这不由得让我想起了在老家教书的时候，上课之前班里的孩子总是用质朴的歌声来迎接我的到来，来迎接一节课的开始。说起家乡，又勾起了我对家乡的思念，想起了一首歌最能表达我此刻的心情，要不我给大家唱唱，也像我家乡的孩子们一样用歌声开启一节课，好吗？

2. 交流：你觉得这首歌的速度是快是慢？调子是高昂还是低沉呢？词作者是借助什么来表达自己思乡情怀的？

是的，缓慢的速度、低沉的声调，加上诗人彭邦桢借助天水相隔的月亮这个意向，就把思乡恋国的情感表达出来了！

思乡是诗歌永恒的主题，今天就让我们一起来欣赏当代诗人余光中的《乡愁》，看他是怎样寄托自己的思乡之情的。我们先通过一个短片来了解一下诗人余光中。（3分钟视频）

二、朗读吟诵——感受诗歌音韵之美

1. 出示《乡愁》，自由朗读。

2. 感知语调，把握语速。

师：有人说余光中的诗是听觉的诗，是音乐的诗，要读好才有味道。你们读《乡愁》这首诗，觉得语速应该怎样？语调应该怎样？

3. 示范指导，把握停顿。

（1）下面我们就以第一节为例来读一读吧，注意语速慢一些，语调低沉一些。

（2）指导朗读"这""那"，口语化，开口度小一些，语调就低下来了，情感也就体现出来了。我们来试一下。

（我在这头，母亲在那头）

（3）指导节奏，读的时候要做到"声断气不断，音断意相连"。（让学生教我，告诉我要注意什么）

　　小时候

　　乡愁/是一枚/小小的/邮票

　　我/在这头

　　母亲/在那头

（生读第一节。酌情指导，激励性评价）

（4）好，就这样，把后面三节的停顿也画一画。画好后，互读互评一下。注意提醒用心读，读诗要做到声断气连。

师：请大家跟着音乐，把全诗朗读一遍。

谁来教教大家一下，朗读的时候要注意什么？

（提醒注意语速慢一些、语调低一些，注意停顿。生读）

4. 用心体味，把握情感。

（1）明确意象：你看，掌握了朗读技巧，就已经读得很不错了。但要想把诗读得更有情感，更打动人，仅仅靠朗读技巧还是不够的，一定要把握诗歌的情感。诗人余光中想通过这首诗表达一种怎样的情感呢？

（思念之情、伤心难过、忧愁……）

但这种情感是摸不着、看不见的呀。作者把这种情感寄托在什么上呢？

（邮票、船票、坟墓、海峡）板书。

师：这四样具体的实物，在诗歌里我们把它叫作"意象"。我们拿出笔，把它圈出来。这些投注了作者情思的具体实物，在诗歌或其他文学作品里，我们称之为意象。

（2）把握情感：诗人借助这四种意象来抒发自己的情感，每种实物都寄托着诗人和谁之间的情感呢？

（母子之情，夫妻之爱，丧母之哀，恋国之思）

余光中也戏称他的这首诗是一首浅易之作。浅易，顾名思义，就是浅显易懂。但是，浅，不是肤浅，而是内容上的深入浅出；易，也不是容易，而是情感上的平易近人，贴近我们的内心，这也就是余光中这首诗歌的独特语言表达。

三、品味文字——感受诗歌语言之美

余光中小时候可是读过私塾的，十来岁的时候妈妈把他送到重庆的一个私塾里学习，四书五经背得滚瓜烂熟。他曾经说诗经、楚辞就是他写作的源头——"蓝墨水的上游是汨罗江。"他与屈原对话，与李白对饮，他有的是汉魂唐魄呀！开头的短片你们看了吧！那可是一位著作等身的大诗人啊！

请大家再次走进诗歌，用你们灵敏的诗歌感觉嗅一嗅每个字词、闻一闻每个句子，揣摩一下诗中语言表达的独特之处。你们边听老师配乐朗读，边拿笔把你们的发现标记出来。（播放音乐，配乐朗读）

可能会交流的内容：

1. "小小的""窄窄的""矮矮的""浅浅的"。（板书）

（课件对比：从读音上、叠词上体会词语的妙用）

（1）为什么用叠词？一层叠一层，如云层一般，愁绪就越来越浓了。我们来对比着读一读。（出示）

（2）再看看它们的声调都是第几声。是呀，四个声调中最长的，起伏最大的，读一读，你有什么感觉？

感情是不是更绵延了，更深了？

（邮票虽小，却承载了母子深情；船票虽窄却联系着夫妻之间浓浓的爱意；矮矮的坟墓盛不下丧母之哀；海峡虽浅，隔断的思乡哀愁却是如此之深。所以这几个形容词不但不能去掉，读的时候，还应该重读出来）

（3）把握重音，指导朗读，及时评价。

2．"一枚""一张""一方""一湾"。

（四个数量词，正是用这些面积小重量轻的词语，来反衬乡愁之浓郁）

3．"小时候""长大后""后来""现在"。

（这种表示时间的时序语句，不着痕迹地表现时间变化，可见乡愁贯穿着诗人的一生）

4．全诗共四节，在结构形式上有何特点？

明确：（1）"乡愁是……"的反复出现，营造出一种回环往复，一唱三叹的旋律。（2）"这头""那头""里头""外头"自然显示了空间的隔离，反复使用营造出一种低回掩抑、如泣如诉的气氛。重章叠句的运用。

5．体会"里头""外头"，体会第三小节作者的丧母之哀。

（1）"里头""外头"距离到底有多远？（生死相隔，母子之情非常深厚；逃难故事）读第三小节。

（2）写下许多追忆母亲的诗歌，表达对母亲的怀念之情。（师生读诗）再指名读、齐读第三小节。

四、多维拓展，激发走近诗人之情

一枚小小的邮票，一张窄窄的船票，一方矮矮的坟墓，一湾浅浅的海峡，它们共同传递出的情感是一种淡淡的忧伤，一种浓浓的乡愁。这里有母子之情，夫妻之爱，丧母之哀，恋国之思。我们发现，作者运用借物抒情的手法，借助这些意象所要表达的已不仅是一种个人的忧伤，更是一种民族的忧伤，国家的忧伤。

让我们一起再次通过朗读吟诵，来体会诗歌中所蕴含的崇高情感。（学

生齐读）

当台湾音乐教父罗大佑首次唱响余光中的《乡愁四韵》时，万人体育场里的台湾同胞热泪盈眶。好的诗歌不仅可以吟诵，更被谱成曲供人们来传唱。《乡愁》更是这样，先后有王洛宾等十多位著名的音乐家把《乡愁》谱写成歌曲，我喜爱的零点乐队2004年更是用那激昂的摇滚乐阐释着别样的乡愁；这里给大家播放的是香港著名音乐人郑文德作曲，内地著名歌手毛阿敏演唱的（播放视频），请大家静聆听歌曲里的绵绵乡愁。

让我们课下走进余光中，走进这位耄耋老人，去了解右手的诗歌、左手的散文；了解他颠沛流离、充满传奇的人生；了解他无尽的乡愁别绪吧……（PPT拓展作业）

多维拓展：

1. 走近现代诗人余光中：查找余光中的个人相关资料；阅读余光中思乡恋国的诗歌散文；阅读余光中歌颂母亲、思念母亲的诗歌散文……（推荐读《余光中诗集》《余光中散文精选》《余光中作品精选》）

2. 搜集相关思念家乡思念亲人的诗词或歌曲，读一读、听一听，你一定有所感悟，有所发现。

北京亦庄实验小学　高学雷

童话：

《我是一只小虫子》教学设计

一、指导思想与理论依据

《义务教育语文课程标准（2011年版）》积极倡导"自主、合作、探究"的学习方式（P3），强调学生是学习的主体。本课教学设计突出采用小组成员合作的方式，从学生角度设计教学活动，以主问题"假如你就是文中这只小虫子，你会怎样朗读题目'我是一只小虫子'，为什么"为依托，鼓励自主阅读、自由表达。这是一篇"有态度"的小虫子的自述，态度是读好课文的基础。在最后的联系生活拓展环节，充分激发他们的问题意识，关注个体差异。

《学习性评价行动建议200条》（小学版）指出：实现指标的主要目的不是为记录进步情况，而是为促成进步（P23，14条）。本课的教学目标之一是"正确、流利、有感情地朗读课文"，那么如何落实"有感情地朗读课文呢"？那就需要读好自问自答句、过渡句、长句子，在朗读指导的时候，教师注意在停顿处、强调处等进行引导，促成他们习得朗读技巧的能力。

《追求理解的教学设计》（第二版，P18）指出逆向设计的三个阶段：确定预期结果—确定合适的评估证据—设计学习体验和教学。本课的教学设计中，依然是目标先行，两个教学目标的制定来源于本单元的单元主题和课后习题。随后确定了落实目标应采用的评估标准，如：怎样算是读出了轻松俏皮的语气；在交流自己感兴趣的部分时应从哪些点进行描述等。最后，才依托课文内容，设计了相关的学习体验和教学。

二、教学背景分析

（一）教学内容分析

这篇课文选自部编版教材二下第四单元，以"童心"为主题，旨在培养学生丰富的想象能力和语言运用能力。

《我是一只小虫子》以第一人称为叙述视角，描述了小虫子生活的苦与乐，表达的是"我"的乐观自信以及对生活的热爱。

本课将小伙伴们当虫子的感受和"我"当小虫子的感受进行对比，以"当一只小虫子好不好"的设问开头，采用先抑后扬的手法，以"我"喜欢当一只小虫子结尾。语言特别幽默、俏皮，富有童趣。

（二）学生情况分析

因为学生一直生活在北京，并且一年级和二年级上开展了大量的阅读相关活动，学生的识字量都比较大，所以在落实"正确、流利、有感情地朗读课文"这个目标方面，要求学生达到正确、流利的标准相对容易。但如何做到有感情地朗读呢？尤其是在设问句、过渡句和长句子的处理上，恰到好处的强调、停顿、语调的变化等方面要进行一定的引导。

二年级的学生通常很愿意跟其他人分享自己感兴趣的内容，但在谈感受和想法时，通常条理性不够，所采用的语言也比较口语化，尤其是对一些关联句式的运用不熟练，在学生的自由表达环节，教师需要在相关句式的运用方面加以引导。文本是如何通过轻松幽默的语言风格表现小虫子生活的"苦"与"乐"的，教师在朗读中可以积极引导学生的语言运用。

（三）教学方式

以学定教、顺学引导。

（四）技术准备

多媒体。

三、教学目标（含重、难点）

教学目标：

1. 正确、流利、有感情地朗读课文；读出活泼俏皮的语气，感受轻松幽默的语言风格；进入角色，体会小虫子的生活态度——乐观、自信、热爱生活。

2. 就自己感兴趣的内容发表自己的看法。

教学重点：

正确、流利、有感情地朗读课文；读出活泼俏皮的语气，感受轻松幽默的语言风格；进入角色，体会小虫子的生活态度——乐观、自信、热爱生活。

教学难点：

就自己感兴趣的内容发表自己的看法。

四、教学过程

板块一 读顺口溜，导入新课

过渡：请你们拿出手上的顺口溜卡片，小组成员轮流读，遇到标红的字体请加大音量。

屁股疼，小心跳；一泡尿，淹昏脑；最怕毛茸茸的小鸟，免费列车到处跑。

早上醒，草叶儿晃；螳螂贪，屎壳郎撞；大姊脾气不太好，我在夜晚把歌唱。

【设计意图】顺口溜复现生字，巩固认读。

过渡：假如你就是文中这只小虫子，你会怎样朗读题目"我是一只小虫子"，为什么？

【设计意图】这是一篇"有态度"的小虫子的自述，决定了最好的阅读体会策略是角色体验，用这一个问题可以将后面的朗读体会串联起来。

163

板块二 精读课文，朗读理解

1．角色自居，快乐朗读

过渡："我"觉得当一只小虫子还真不错，应该用怎样的语气来读？

【设计意图】学生知道用快乐的语气来读，就能切身感受到小虫子生活的有意思。

2．朗读交流，多元感悟

过渡："我"觉得当一只小虫子还真不错，别的小虫子也这么想吗？请找到相关的语句，用合适的语气读出来。

【设计意图】"我"觉得当一只小虫子还真不错，别的小伙伴却并不这么想，那他们的想法该用怎样的语气读出来呢？不同的朗读语气代表了不同的心境，进一步感受本课语言的幽默、俏皮和富有童趣。

3．回归课文，朗读理解

过渡：别的小伙伴觉得当一只小虫子不好，"我"却觉得当一只小虫子还真不错，"我"为什么这么想？"我"与别的小虫子有什么不同呢？

【设计意图】文章主要是从小虫子的视角描述小虫子生活中的苦与乐，伙伴们觉得苦，"我"觉得真不错，能回答出"我"为什么觉得不错，其实就能理解"我"身上乐观、自信的品质，从而理解文本的主旨了。

相机指导朗读：

（1）"当一只小虫子，一点儿都不好"，朗读时须强调"一点儿"，表现伙伴们的不开心。

（2）读好过渡句。

如："不过，我觉得当一只小虫子还真不错"，朗读时放慢速度读"过"，略作停顿，读出语义的转折。"真不错"重读，提示下文。另一处"每一个都特别有意思"，朗读时强调"特别"。

（3）读好长句子，注意分句间的关系，注意语意的连贯。

如："有些虫子脾气不太好，比如天牛，每次我说'天牛大婶，早上好'，她总是想顶我一下。"朗读"我"说的话时，音调应略有提高，与叙述的语言区别开，读出问候语气。

过渡：所以"我"真的很喜欢当一只小虫子，请大家齐读第7自然段。

【设计意图】随文指导朗读，"叫哇叫"要读得很自豪；"夜晚"后面停顿一下，好像要把听众带入美妙的夜晚，"你就一定能找到我！"应读出感叹的语气，强调"一定能"，传达出"我"的快乐和自信。

板块三 总结课文，迁移运用

过渡：因为小虫子的"小"，"我"的伙伴们看到的是可能被苍耳刺痛、被小狗的尿淹得昏头昏脑、被小鸟吃掉的苦。但"我"感受到的是在"草叶上伸懒腰""用露珠洗脸""把细长的触须擦亮"的惬意，还有积极应对"我"那些"有意思"的小伙伴的幸运。"我"喜欢当一只小虫子，那么你呢？当一只小虫子？当你自己，或者是其他的小动物……为什么呢？

【设计意图】当学生在做出选择的时候，可以内观他们当前的心理状态，引导他们积极地面对生活，乐观自信地做自己。

板块四 课后作业

1. 文中的"我"是谁呢？结合课文中的信息去发现。

2. 选择一种你了解的小虫子，仔细观察它的生活习性和特点，可以辅助上网查找资料，再仿照课文中的语言，如"在摇晃的草叶上伸懒腰、用露珠洗脸、把细长的触须擦得亮亮的""坐上免费的特快列车跟着小狗到远方去旅行"……写出它生活中的"苦"与"乐"。（一周之内完成即可）

板书设计：

我是一只小虫子

乐观、自信

小伙伴 　　　　　　　　　"我"

一点儿都不好 　　　还不错 有很多有意思的小伙伴

有感情地朗读评价单			
自问自答句	"好不好"重音，读出询问的语气	"一点儿"强调，不开心		☆☆
过渡句	"不过"，放慢速度读"过"，略作停顿	"真不错"重读	"特别"强调	☆☆☆
长句子	"走在外面……不看路"除按标点逻辑停顿外，"因为"后面也应略作停顿	"有些虫子……顶我一下。"朗读"我"说的话时，音调应略有提高，读出问候语气	"当我很快乐……能找到我！""叫哇叫"要读得很自豪，"夜晚"后要停顿，强调"一定能"，最后一句读出感叹的语气	☆ ☆ ☆ ☆ ☆ ☆

北京亦庄实验小学　　汪晴

寓言：

《坐井观天》教学设计

【设计理念】

《义务教育语文课程标准（2011年版）》指出：学生在第一学段要学习用普通话正确、流利、有感情地朗读课文，学习默读。并且明确指出"阅读是学生的个性化行为，不应以教师分析来代替学生的阅读实践"。应让学生在主动积极的思维和情感活动中，加深理解和体验，有所感悟和思考，受到情感熏陶，获得思想启迪，享受审美乐趣。因此，在本课的教学中，以青蛙与小鸟的三次对话为线索，让学生在朗读中通过品味语言，体会作者及其作品中的情感态度，以读代讲，以读促学，创设引导学生主动参与教学的情境，促进学生主动、富有个性地学习与创造，愉悦地读懂故事、明白道理，品味语言。学生在自读、自悟、主动探究读懂课文时，其自主探索的能力也得到培养。

《义务教育语文课程标准（2011年版）》提出学生是学习的主体，积极倡导自主、合作、探究的学习方式。课堂上小组共同学习的方法，把课堂时间留给孩子，争取最大限度地发挥学生的主体作用。

【教材分析】

《坐井观天》是部编版二年级上册第五单元的一则寓言故事。课文通过简短而传神的对话，讲述了一个有趣且寓意深刻的故事：小鸟飞到井边喝水，与青蛙发生了争论。青蛙整天坐在井底，认为天只有井口那么大，小鸟却说天空无边无际。小鸟很无奈，只能请青蛙自己跳出来看一看。寓言揭示出一些道理：认识事物看待问题，站得高才能看得全；要不断开阔自己的眼界，才能见多识广。

【学情分析】

寓言故事对于二年级的学生来说是有趣且乐于接受的文学形式。学生曾在一年级上册学习过《乌鸦喝水》一文，因此，这种文学形式对于学生来说并非第一次见到，"在朗读中感受寓意"对于二年级学生来说是可以实现的。悟出寓意之后，再对寓言故事就是小故事包含大道理的特点进行再次总结，加深对这一文学形式的理解。

【教学目标】

1．通过分角色朗读等多种方式，正确、流利地朗读课文，体会"反问""感叹"不同语气的表达效果。

2．明确小鸟和青蛙争论的问题，知道它们的说法不一致的原因，体会故事寓意。

3．能够联系自己生活说说生活中"坐井观天"的人，并能够创编增补对话，能够通过本文学习对寓言故事产生兴趣。

【教学重点、难点】

重点：青蛙和小鸟的三次对话，在朗读以及核心问题的引领中理解寓意。

难点：让学生联系自己的生活理解寓意。

【教学设计】

一、朗读文本，走进故事

1．观看《坐井观天》小视频，大概了解课文内容，引出"寓言故事"。

2．比赛朗读，把课文读正确，读流利。

（1）自主练读，尝试把课文读正确、读通顺，并标注自然段。

（2）小火车开起来。每个组读一个自然段，你读我听互助正音。

3．分角色朗读，感悟3次对话，感知故事内容。

（1）默读课文，将青蛙与小鸟的对话分别用波浪线和直线标注出来。

（2）分角色朗读课文。

①生生对读，分别读出青蛙和小鸟的对话。

②全班分角色朗读。女生读小鸟，男生读小青蛙，老师读旁白。

【设计意图：《义务教育语文课程标准（2011年版）》指出各个学段的阅读教学都要重视朗读。四个学段的阅读部分都率先强调："能用普通话正确、流利、有感情地朗读课文。"该教学环节重视学生朗读，在朗读的3个层次中学生用不同方法把课文朗读了5遍，这既是朗读的过程又是识字认字的过程，在朗读中在语境中习得生字词】

二、探讨问题，抓住关键

1. 学生默读课文，边读边思考：小鸟和青蛙在争论什么？怎么争论的？

2. 学生理解"说大话"的意思。

3. 对比"反问句"和"感叹句"这两组句子。

第一组：

（1）"天不过井口那么大，不用飞那么远。"

（2）"天不过井口那么大，还用飞那么远吗？"

第二组：

（1）"天无边无际，很大。"

（2）"天无边无际，大得很哪！"

4. 同桌互读上面做对比的青蛙和小鸟的对话，体会故事人物心情。

5. 学生思考：为什么它们的说法不一样呢？

【设计意图：学生一开始采用"默读"这一方式回顾故事内容，注意力集中在思考关键问题上。顺着学生的回答让学生理解"说大话"的意思，之后就学生回答的句子对比感悟"反问句"和"疑问句"的表达效果。把课文读正确、读熟练是语文课的基本要求，体会之后通过同桌角色扮演互读，引导学生把对话读正确、流利、有感情】

三、理解寓意，表达感悟

1. 学生根据关键问题以及故事内容理解"坐井观天"是"眼界窄，见识少"的意思。

2．通过了解"坐井观天"的意思，进而讨论故事带给自己的思考，理解寓意，学生可以从不同角度来谈。

3．学生说完自己理解的寓意后，顺势引导，通过学生的总结，得出像这样通过一个小故事告诉我们一个大道理的故事就是"寓言故事"。

【设计意图：承接上面关键问题"他们的说法为什么不一样？"让学生理解题目"坐井观天"的比喻意义，层层深入。在学生充分理解故事内容以及"坐井观天"的意思之后理解寓意水到渠成。让学生从不同角度谈谈自己从故事中感悟出的道理，尊重了学生在阅读过程中的独特体验。学生理解寓意后顺势引导，学生自然而然地理解什么是"寓言故事"以及"寓言故事"的特点是什么】

四、联系生活，自由表达

1．寓言常常是借助一个故事去寓一类人，生活中也有"坐井观天"这类人。

2．创设情景，设置梯度，层层深入，引发思考。

故事1：有些人坐井观天，自我感觉特别好，却不知天外有天，人外有人。

故事2：有的同学坐井观天，很少读课外书，不懂的东西太多了。

通过第一个小故事，学生知道什么样的人坐井观天；通过第二个小故事，学生从不同角度明白还有什么人坐井观天，并且自己会用"坐井观天"说句子；最后，学生自己联系生活自由表达。

3．学生总结：生活中我们千万不要做坐井观天的人，而要做眼界宽、见识广的人。

【设计意图：学生联系生活，发展语言。层层递进，先给学生提供语言范式，再逐渐深入，最后完全让孩子自己联系自己生活自由表达，把发展语言和提升学生思维结合起来】

五、编对话，合理想象

1．面对坐井观天的人我们要不要帮助他？如果你是小鸟，你怎样帮助青蛙跳出井口呢？

2．语言支架，练习表达：学生帮助青蛙跳出井口，它会看到什么说些什么呢？

青蛙跳出井口后，看到____它感叹道：____。

（请一两个孩子分享示范。随后，每个孩子在学习单上创编）

3．分享创编。

【设计意图：渗透"乐于助人"的价值导向，在创编对话的过程中激发学生想象力，帮助学生打开视野。分享创编，发散思维，发展语言】

六、拓展阅读，激发兴趣

1．这节课同学们已经理解了《坐井观天》这篇寓言故事的意思，像《坐井观天》这样的寓言故事还有很多。请大家迅速翻到学习单背面，看看表格里的故事你都看过哪些，看过的请打勾。

请小朋友们在自己读过的寓言故事后面打"√"：

1.《坐井观天》　（　　）	6.《龟兔赛跑》　（　　）
2.《农夫与蛇》　（　　）	7.《乌鸦喝水》　（　　）
3.《狼来了》　（　　）	8.《小猴摘桃》　（　　）
4.《亡羊补牢》　（　　）	9.《揠苗助长》　（　　）
5.《狐假虎威》　（　　）	10.《寒号鸟》　（　　）

2．我们可不要坐井观天，要多读书噢。希望小朋友们课下可以把自己没读过的寓言故事都找来读一读，还可以上传到荔枝FM等平台上，谁朗读得又好又多，就可以获得"朗读故事之星"荣誉称号。

【设计意图：通过这篇寓言故事的探究式学习，希望能够激发学生学习和朗读的兴趣。在朗读感悟中为学生打开一扇"寓言故事"的大门，课下朗读更多的寓言故事。另外，以荔枝FM为平台，鼓励学生多朗读，爱朗读，激发学生的朗读积极性，在E时代下提升学生的朗读能力，读寓言故事，做智慧儿童】

北京亦庄实验小学　白玉

散文：

《雷雨》教学设计

一、文本分析

这是一篇写景的文章。作者用精练、生动的语言，按照时间顺序，为我们描绘了雷雨前（1~3）、雷雨中（4~6）、雷雨后（7~8）不同的自然景象。课文虽然篇幅比较短小，但内容具体，比较适合低学段的学生。而且可以让学生以学习本文为契机，走进大自然，学会观察，增添生活的乐趣。

二年级学生虽然年龄较小，但雷雨是夏天常见的一种自然现象，大多数孩子都见过，教学时要立足文本，巧用资源。可让学生结合插图，想象画面，说一说自己的感受，还可以借助课件呈现课文情境的一幅幅生动逼真的画面，使学生身临其境欣赏自然之美。

雷雨前后景物变化大，可以通过充分的朗读体会变化。特别是描写雷雨前、中、后三部分景物变化的句子。通过学习，让孩子喜欢朗读，感受朗读的乐趣。在朗读中学习展开想象，传递初步的情感体验。

二、教学目标

1. 读准字音，读通文章。

2. 了解文章的内容，结合自己的经验，读出雷雨前、雷雨中、雷雨后的变化。

3. 体会作者细致的观察，生动的描绘，引导学生关注大自然。

三、教学过程

（一）音效激趣，导入文本

师：大自然有很多奇妙的声音。你听——

（多媒体依次播放水流声、风声、鸟鸣、雷雨声）

生回答自己所听到的声音，结合生活经验，说一说自己的感受。

师：今天我们一起去欣赏一场《雷雨》，看一看作者笔下的雷雨是什么样子的。

【设计意图】以音频猜一猜的方式，调动学生的课堂参与热情，为进入课文情境做铺垫。

（二）教师范读，想象画面

师：先听老师来朗读一遍课文，同学们闭上眼睛，想象画面。（出示文章）

满天的/乌云，黑沉沉地/压下来，树上的叶子/一动不动，蝉一声/也不叫。

（天气阴沉沉的，周围的环境非常安静、压抑、沉闷，透不过气的感觉。语调缓慢，读出阴沉、压抑之感）

忽然/一阵大风，吹得树枝乱摆。一只蜘蛛/从网上垂下来，逃走了。

（"忽然"一个转折，打破宁静，狂风大作，"树枝乱摆"，蜘蛛从树上"垂"下来，"逃"走了。可见风之大，之可怕。语调转折急促变化，感受天气的突变）

闪电/越来越亮，雷声/越来越响。

（两个"越来越……"体现出了闪电、雷声的威力不断加剧，情形可怕。在朗读的时候注意引导学生感受并理解"越来越……"表示程度不断加深，体现在朗读上"越"字重读）

哗，哗，哗，雨下起来了。

（三个拟声词"哗哗哗"体现出了雨下得又大又急。此时朗读的时候应该通过语调的下降、重读、停顿，让听者联系自身产生画面感）

从窗外望去，树啊，房子啊，都看不清了。

（透过窗子所看到的模糊不清的景象，更能体现出雨很大。朗读时"树""房子"之间有停顿，让听者清晰地听出都有哪些事物在大雨中看不清了）

渐渐地、渐渐地，雷声小了，雨声也小了。

（雨逐渐停了。通过缓慢读出两个"渐渐地"体现出雨从大到小到无的发展渐变。语调放缓，渐渐平静）

天亮起来了。打开窗户，清新的空气/迎面扑来。

（大雨过后天气的变化。空气也变得清新、舒适起来。朗读的时候注意"亮""清新""迎面"重读，以及"清新的空气"与"迎面扑来"之间短暂的停顿。语调上扬，读出愉悦、欢快、欣赏之情）

雨停了。太阳出来了。一条彩虹挂在天空。蜘蛛又坐在网上。池塘里的水满了，青蛙也叫起来了。

（雷雨过后的景色。彩虹"挂"在天上，蜘蛛"坐"在网上，池塘水"满"，青蛙"叫"，从"坐"字体会蜘蛛在雷雨后悠闲的心情。此时语调是上扬的，轻松愉悦的）

师：听了老师的朗读，请同学们说一说从中你看到了什么，想到了什么。

预设1：我看到了天空、小树、蝉、蜘蛛、闪电、雷声、雨、池塘、青蛙。

预设2：我想到了黑压压的天空，乌云把太阳遮住了。

……

【设计意图】通过示范朗读，学生倾听、想象画面，了解学生对文本的初步感受。

（三）借助插图，朗读体会

师：请同学们大声朗读课文，注意读准字音、读通句子。

生自主朗读，教师走近学生听朗读，相机指导。

师：现在，结合老师给你们的三幅图片，对比观察，在文中找一找相应的描写段落，用笔在自己的书本上标出来。

（课件出示：雷雨前、雷雨中、雷雨后三幅图画）

师：你们发现了雷雨前、雷雨中、雷雨后，作者的描写是不同的。现在请你们找出雷雨前、中、后景物都有怎样的变化，用笔在文中标注出来。

学生小组分享自己的发现，小组代表发言。

师：描写雷雨的三幅画面，你更喜欢哪一个景象？选择自己喜欢的景象，带入自己的理解和情感，再来读一读，说一说自己的感受。

预设：我更喜欢雷雨前的画面，因为它的描写很真实。

师：创设情境，炎热的夏天，太阳像个大火球一样直射着地面，树上的树叶无力地蜷缩着，蝉无精打采地趴着，路边的小花奄拉着脑袋……忽然，乌云遮住了太阳，黑沉沉地压了过来。一阵大风吹过，闪电接踵而至，雷声越来越大。蚂蚁急匆匆地搬家，小鸟扑闪着翅膀回巢，原来是雷雨要来了。（配合课件，播放雷雨来时的情境，闪电、雷声不断变化的过程直观呈现，便于学生理解）

此情此景你有什么样的感受？

预设：感觉一场暴雨就要下了，大家都很紧张。

师：从文中哪些词语可以感受到这种变化？

预设：我从"黑沉沉""压""越来越"这些词语感觉出来的。

师：请你再来读一读，读出雷雨来之前乌云压境，紧张凝重的感觉。

学生结合理解，入情朗读。教师营造情境。

师：闪电越来越亮，雷声越来越响。你听——哗，哗，哗，雨下起来了。请喜欢描写雷雨时画面的同学一起来读一读。

生齐读。

师：你能告诉我你喜欢雷雨时描写的原因吗？

预设：因为写出了雷雨的变化。最开始雨下得很大，到后面渐渐变小了。

师：你是从文中哪些地方看出来的？

预设1：我从"哗哗哗"看出这场雨下得特别大，像是有人从天上向下泼水一样。

预设2：从"雨越下越大"到"渐渐地，渐渐地，雷声小了，雨声也小了"，可以看出这场雷雨从大到小的变化。

师：那么在朗读的时候，我们要读出区别。随着雨势的由强到弱，朗读时语速要由快到慢，语调要由高到低，过程中要注意停顿、转换。大家试着读出这场猛烈又富有变化的雷雨情景。读的时候可以加上自己的动作，比一比，看谁读得更生动。

生自由朗读。

师：还有人想要分享不一样的描写画面吗？

预设：我喜欢雷雨后的景象，因为雨后景象特别美。

师：雨后，你看到了哪些景物？用你的朗读告诉我们好吗？

生朗读。

师：雨过天晴，彩虹"挂"在天上，蜘蛛"坐"在网上，池塘水"满"，青蛙"叫"，一切都是那么美好。之前的燥热、沉闷消失了，取而代之的是一片清新。来，让我们深吸一口气，齐读最后两段，感受雨后的美好。

【设计意图】请学生分享自己喜欢的段落词句，尊重学生的主体地位。边讲解边品读，加深学生的体验，以身临其境的感觉读出文字的画面感、情味感。

（四）配乐美读，以读促思

师：现在跟随背景音乐，自己再来读一读整篇文章。

朗读挑战：

1. 同桌接读，加上自己的动作，演一演。

2. 师生PK，读出画面。

师：本节课我们通过课文，了解了雷雨前、雷雨中和雷雨后的景象。你见过什么样的雨，当时又是怎样的情景呢？

生自由发言。

【设计意图】由文本拓展开去，引导学生关联自身生活经验，关注自然现象。

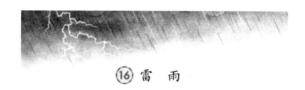

⑯ 雷　雨

　　满天的乌云，黑沉沉地压下来。树上的叶子一动不动，蝉一声也不叫。

　　忽然一阵大风，吹得树枝乱摆。一只蜘蛛从网上垂下来，逃走了。

　　闪电越来越亮，雷声越来越响。

　　哗，哗，哗，雨下起来了。

　　雨越下越大。往窗外望去，树啊，房子啊，都看不清了。

　　渐渐地，渐渐地，雷声小了，雨声也小了。

　　天亮起来了。打开窗户，清新的空气迎面扑来。

　　雨停了。太阳出来了。一条彩虹挂在天空。蝉叫了。蜘蛛又坐在网上。池塘里水满了，青蛙也叫起来了。

本文选自人民教育出版社《义务教育小学语文教材》

北京亦庄实验小学　马澜兮

《月光曲》教学设计

教学目标：

1. 熟读课文，学习掌握8个生字，会写"谱写、钢琴"等12个词语。

2. 正确、流利、有感情地朗读课文，背诵第9自然段。

3. 了解《月光曲》的创作过程，在一步步了解分析贝多芬和兄妹俩相识的过程中，体会贝多芬的情感变化，理解贝多芬是位同情、热爱人民的音乐家。

4. 借助文中皮鞋匠对《月光曲》的联想和想象，帮助学生想象课文描绘的画面，感受乐曲的旋律，通过声音与画面之间的转换，体会乐曲之美。

教学重、难点：

1. 了解《月光曲》的创作过程，体会贝多芬的情感变化，理解贝多芬是位同情、热爱人民的音乐家。

2. 借助文中皮鞋匠对《月光曲》的联想和想象，帮助学生想象课文描绘的画面，感受乐曲的旋律，通过声音与画面之间的转换，体会乐曲之美。

教学准备：

1. 贝多芬的资料。

2. 奏鸣曲《月光曲》。

3. PPT。

学习活动设计

板块一：首尾切入，初次朗读，感知整体内容

一、谈话导入，了解贝多芬，初次聆听《月光曲》，揭示课题。

师：同学们，你们知道贝多芬吗？（学生结合自己掌握的资料，简要发言）

在分享过程中完成对第一段的学习。播放贝多芬的《月光曲》，初次感受音乐的魅力。

二、朗读最后一段，了解《月光曲》是即兴创作，激起学生的阅读期待。

贝多芬曾经这样说："我的音乐只应当为穷苦人造福。如果我做到了这一点该是多么幸福！"《月光曲》是怎样谱成的呢？这，还有个美丽动人的传说呢！——请打开书，读读课文。读的时候要注意读准字音，读通句子，遇到不认识的词语或读不懂的句子要想办法弄明白。读完后，你有什么话想说？

三、带着阅读期待，自读课文，同时自学字词，将文章读通读顺。

四、检查学生自学生字词情况，掌握字音、字形、字义。

1. 字音：茵、恬、券、霎。

注意yīn不要读成yīng，霎shà不要读成chà。

2. 字形：谱、盲、键、茵、缕。

这几个要注意书写时的正确、规范。

3. 词语：传说、谱写、钢琴、琴键、幽静、纯熟、陶醉、清幽、茅屋、烛光、失明、景象、微波粼粼、波涛汹涌、断断续续。

重点区分理解：幽静、清幽

幽静：形容环境的寂静。

清幽：指风景秀丽而幽静，本文用来形容清亮柔美的月光。

五、交流阅读收获，表达文章的信息和感受，在此基础上梳理课文内容和层次结构。

板块二：有感情地朗读，想象画面，感受美妙乐曲

一、直奔重点，确定文章描述《月光曲》的片段。

师：这篇文章的题目是《月光曲》，可是文章并没有写《月光曲》，这《月光曲》在哪儿呢？

生：第9自然段。

文章并没有描写《月光曲》的琴声、节奏及旋律，而这一内容文章是通过皮鞋匠听音乐时的联想表现出来的。

二、重点分析第9自然段，想象曲境，体会画面。

1. 自由反复朗读，想象皮鞋匠看到的画面，发现《月光曲》的曲调。

2. 借助皮鞋匠的联想，从三幅画面入手，品读文字。

（1）皮鞋匠联想的画面是从什么变化来表现的？（月亮和大海的变化）它们发生了怎样的变化？

（2）学生带着问题，借助表格，品读文字，同时锻炼借助关键词提取信息的能力。

童话：	大海的变化	乐曲的旋律

（3）通过朗读，再次感受乐曲的美妙变化。

画面一：月亮升起，微波粼粼。

朗读文字"月亮正从水天相接的地方升起来……洒满了银光"。

《月光曲》的曲调在哪儿？旋律是什么？引导学生想象贝多芬按键时的轻柔、音乐的舒缓。

①师范读，语速轻缓，语调轻柔。

②生自由读。

③学生齐读。

画面二：月亮升高，风卷巨浪。

朗读文字"月亮越升越高……卷起了巨浪"。

这时，《月光曲》的旋律发生了怎样的变化？音乐变得有力、快速。

①师范读，语速比画面一快，声音变得更加有力。

②分小组合作朗读。

画面三：月光照耀，波涛汹涌。

朗读"被月亮照得雪亮的浪花，一个连一个朝着岸边涌过来……她仿佛也看到了月光照耀下的波涛汹涌的大海"。这时的音乐变得高昂、激越。

①学生自愿示范朗读。

②学生齐读，更能读出音乐此时的气势：高昂、激越。

3. 学生再次练习朗读，把海面上的三次变化用不同的语调读出来。

（1）让学生当配音演员，结合大屏幕上出现的画面给《月光曲》配上文字。

（2）通过分小组比赛朗读的形式激发学生的朗读兴趣，更好地体会音乐的旋律变化。

4. 再次聆听音乐《月光曲》，体会艺术之美。

在美妙的意境下教师播放《月光曲》，学生欣赏音乐，切身体会音乐的旋律，感受艺术的魅力。然后让学生配乐朗读，再次感受艺术之美。

板块三：分节细读，感受人物，探究创作灵感

一、问题引领，细读课文，自主探究贝多芬创作《月光曲》的灵感来源，体会人物的情感变化和性格特点。

问题：这么美妙的《月光曲》是在什么情境下创作出来的？

1. 学生默读或朗读课文，自主探究，寻找信息。

2. 自由分享，教师引领。

二、品读第2自然段，了解创作过程一：听到琴声，一点触动。

1. 贝多芬心情愉快地在散步，发生了什么事？他的心情是怎样的？

预设：听到断断续续的钢琴声。

心情：高兴，有一点惊讶，好奇，一点触动。

2. 教师引导学生总结相识的第一个过程：听到琴声，一点触动。

3. 朗读练习，通过朗读再次体会，正像《月光曲》第一乐段轻松舒缓。

三、品读第3、4自然段，了解创作过程二：听到对话，见到兄妹，十分感动，分析人物特点。

1. 从兄妹俩的对话中你能体会到什么？

预设学生反馈：

（1）"这首曲子多难弹哪！只听到人弹过几遍，总是记不住怎样弹，要是能听一听贝多芬自己是怎样弹的，那有多好啊！"这句话流露出盲姑娘内心梦寐以求的愿望，听出了那份对音乐执着的追求与热爱。

指导朗读：想听贝多芬弹琴，对于盲姑娘来讲，不是愿望，不是希望，而是渴望！来，把这位盲姑娘对音乐的热爱和追求读出来。

（2）画出的句子是"……太贵了，……又太穷"，从这句话里看出了哥哥的伤心和内疚。

指导朗读：哥哥因为家境贫寒没有办法实现妹妹的心愿而内疚、伤心，把哥哥这份伤心和内疚读出来。

（3）画出的句子是"哥哥，你别难过，我不过随便说说罢了"，看出来盲姑娘的善良、体贴、善解人意。

抓住"随便说说"，感受兄妹俩在贫穷的生活环境中互相关爱互相体贴。

2. 假如你是贝多芬，听了他们的对话你会有什么感受？你会为他们做些什么？

很感动，想要为他们弹奏一曲。

3. 贝多芬进了屋，看到的是什么情景？现在，谁来告诉我，为什么那琴声是断断续续的？

学生体会到兄妹俩生活的贫困，教师再次引入贝多芬的名言："我的音乐只应当为穷苦人造福。如果我做到了这一点该是多么幸福！"理解贝多芬为什么弹琴给盲姑娘听。

（贝多芬被这位热爱音乐却贫穷的姑娘所打动，主动为她演奏乐曲。教师引导学生总结相识的第二个过程：听到对话，见到兄妹，十分感动）

4．朗读练习，当贝多芬听到琴声和兄妹的谈话十分感动，正像第二乐段节奏渐强发展。

四、品读第5、6、7自然段，了解创作过程三：遇到知音，万分激动。

1．重点分析盲姑娘的话。

一曲终了，盲姑娘有什么反应？

她激动地说："弹得多纯熟啊！感情多深啊！您，您就是贝多芬先生吧？"

"多纯熟啊"——赞叹弹奏技巧的高深

"感情多深啊"——赞叹情感表现的充分

理解两个"您"，第一个"您"表示猜想，第二个"您"做出判断和肯定，因为贝多芬正在附近演出，这样高超的演奏技巧，只有贝多芬才行。

对话表现了盲姑娘热爱音乐的程度：不仅听出了弹奏的纯熟和作品的感情，还猜出了弹奏者是谁。

2．指导学生朗读。

两个"您"，第一个"您"语调稍长，第二个要读得很肯定，在反复朗读中体会盲姑娘梦寐以求的愿望变成现实的激动心情。

3．引导学生关注盲姑娘这个"知音"的特殊性，理解此时贝多芬的内心感受。

（教师引导学生总结相识的第三个过程：遇到知音，万分激动）

此时对贝多芬来说，告诉对方自己是谁并不重要，他只想——为姑娘再弹奏一曲。

生齐读："您爱听吗？我再给您弹一首吧。"

4．再次朗读，当第一曲完了，盲姑娘认出贝多芬，贝多芬更加激动，正像第三乐段高昂激越。

通过学习这一部分内容，我们发现"人物的心境和乐曲的意境"的统一，这也是这篇文章的奇妙之处。

五、自读第8自然段，借助"清幽"一词理解创作前的情景。

引导学生抓住两个"清幽"去理解：第一个"清幽"指清亮的月光下，茅屋里的一切是那么朦胧，那么安静；第二个"清幽"，指这月光的柔美，这清幽的一切显得那么诗情画意，盖过了茅屋里的穷困和凄凉，深深打动了贝多芬，创作了《月光曲》。

板块四：聆听音乐，发挥想象，记录情景感受

一、走进音乐，初次聆听不同的乐曲。

学生闭上眼睛，聆听音乐旋律，这里推荐五首歌曲片段（不要提前告知曲名）分别来自《野蜂飞舞》《小狗圆舞曲》《春江花月夜》《霸王卸甲》。

二、再次聆听，发挥想象，记录感受，玩寻找知音的游戏。

学生选择不同的乐曲，再次聆听，感受自己脑海中想象的画面，并把想到的情景记录下来。创作完成后，把文字读给同伴听，看看同伴能否猜出你听的是哪一首，以此来玩寻找知音的游戏。

板书：

月光曲

听到琴声——一点触动　　　　月亮升起，微波粼粼——轻柔、舒缓
见到兄妹——十分感动　　　　月亮升高，风卷巨浪——有力、快速
遇到兄妹——万分激动　　　　月光照耀，波涛汹涌——高昂、激越

孙静

朗读教学为主的课堂教学实录

学习古文的课堂一定要书声琅琅

——小古文《司马光》教学实录及评析

学习目标：

1. 正确跟读课文，注意词句间的停顿，背诵课文。

2. 能借助注释、插图、上下文了解课文大意，能用自己的话讲这个故事。

3. 能初步感受文言文的特点。

课堂实录：

（课前，聊姓名唱儿歌）

师：我们班的孩子都叫我"阿雷老师"，同学们猜测一下，它是怎么来的？

生：我观察到大屏幕上您的姓名里有一个"雷"字，是从姓名中来的吧？

师：你是一个很会观察和思考的孩子，请坐。我的姓名里最后一个字是"雷"，阿雷来自我的名，是我的名中的一个字。那我的名是？

生：高学雷。

师：（摇头）再问一遍，我的名是？

生：（窃窃私语）学雷？

师：你来说说？

生：学雷吧？

师：是的，我姓高，名学雷。说说看，你姓啥名甚？

生1：我姓杨，名可欣。

生2：我姓范，名悦然。

师：请坐，都是很好听的名字！

（三年级孩子可能没有姓和名的概念，这里交流增强孩子们对姓与名的认知）

师：上课之前，我们来回顾一下一年级下册学过的一首儿歌，不过，我用一种特别的方式，带着大家来温故。猜猜是什么特别的方式？

生：用PPT展示。

师：你看老师拿来了什么？

生：（惊诧）啊，吉他！吉他！

师：嗯，吉他，老师把一年级下册的那首儿歌编配成吉他弹唱，我猜大家一定很想听吧？

生：想听！

师：你们要认真听，想一想这首儿歌的名字是什么。一会儿看看哪些同学能说出这首儿歌的名字。

（师弹唱一下《姓氏歌》，情之所至，孩子们一起唱起歌来）

师：好听吗？如果时间允许，下课前我还会给大家唱一首噢！谁来说说刚才这首儿歌的名字是？

生1：《百家姓》。

师：嗯，歌里有很多姓氏，但这首儿歌不是《百家姓》。既然学过了，就要好好回想一下。你说说看。

生2：《姓氏歌》。

师：是的，你叫什么名字？

生：周子阳。姓周，名子阳。

师：这位姓周名子阳的同学很厉害！别人都忘记了，他还能记住，学习就得这样，要记牢固了，才能成为自己的知识储备。

（设计思路：由老师的名字说起，学生能比较清楚区分姓与名；通过吉他弹唱《姓氏歌》，带着孩子回顾旧知，感知复姓，为所学课文的课题认知做铺垫）

第一板块　初读，读正确读流畅

师：（出示司马光砸缸图片）这幅图大家一定不陌生，谁来给大家讲讲这个故事？

生：这个故事是司马光砸缸的故事，讲的是司马光小时候和一群孩子在庭院里玩，一个小孩爬到水缸上去了，一不小心，跌到了盛满水的缸里，他在水缸里一直喊"救命啊！救命啊"，司马光听见了，就拿了一块大石头，举起石头把水缸给砸破了。水流了出来，那个落水的孩子就得救了！

师：讲得好不好？（生：好！）绘声绘色，带着动作，把老师和同学们都带入故事里去啦！你看，他都给你鼓掌了！能讲这个故事的请举手示意。（大部分学生都举手）看来这个故事大家都很熟悉啊！

（设计思路：由孩子们熟悉的画面入手，落实孩子们对这个故事的讲述之目标）

这样一个故事，被写进了课文。在一年级老版教材里（出示人教版现代文《司马光》）它是一篇现代文，抛去课题和标点，一共141个字。今天咱们要学习三上的一篇同题课文——《司马光》。

师：看老师板书课题，大家想一想"司马光"姓啥名甚呢？

生：姓司。

师：姓司，对吗？回顾一下，我们唱的《姓氏歌》。

生：哦，姓司马！姓司马！

生：是复姓。

师：是的，司马是复姓。司马光，姓司马，名光。历史上，姓司马的也出过不少名人。谁能说出一个来？

生：司马懿，是三国时一位将军。

师：你真厉害，历史知识丰富。谁还知道其他姓司马的历史名人？

生：司马迁，他好像写了一本很有名的书。我忘了书名。

师：谁知道司马迁写了什么著作？

生：《史记》。

师：是的，司马迁写出了中国第一部纪传体通史《史记》。同学们知识可真广博啊！

师：（出示课文）好，先听老师把课文读一遍。（师范读）去掉题目，去掉标点，数数看文章一共多少个字？

生：30个字。

师：（出示开始的现代文和本课的文言文进行对比）你们有什么疑问？有什么想法？有什么发现？

生1：文言文字数很少。

生2：语言更简洁了。

师：是的。（板书：文言文　语言简洁）除了发现，还有什么疑问呢？

（设计思路：落实课后第三题，加深孩子对文言文与现代文的不同点的认识）

生：这么短，能把事情讲清楚吗？

师：是呀，这么短短的30个字，能把事情讲清楚、讲明白、讲完整吗？希望随着我们不断深入地学习，看看最后的疑问能否得到解决。

师：跟老师读。老师读一句，你读一句（师分句范读，学生跟读）；再跟老师读，这次，我按句号读，你们跟读（师按照两个长句子范读，生跟读）；老师读全文，你再跟读全文。（师范读全文，生跟读全文）

师：老师刚才示范读的时候，注意了古文的朗读停顿（出示带停顿的朗读）。大家看着停顿，同桌互相练读一下。（生练读）

（设计思路：由于学生是第一次接触文言文，也是第一次朗读文言文，教师的示范领读，对于学生正确停顿起到至关重要的作用。本环节的由短句到长句再到全文的领读，循序渐进，给学生一个熟悉停顿的梯度，效果良好）

第二板块　再读，理解文言内容

师：司马光出生在1019年11月，距离现在正好1000年。这个故事也就流传近千年了。那故事是怎样发生的呢？（出示第一句：群儿戏于庭，一儿登瓮，足跌没水中）你来读一读。

生：群儿戏于庭，一儿登瓮，足跌没水中。

师：读得很好，节奏停顿正确，声音响亮。（出示：群儿戏于庭）第一句，写了谁？

生：一群小孩在玩。

师：从哪个词看出是一群小孩？

生：群儿。

师：群儿，很好！你读一读，突出"群儿"。（板书：群儿）

生：群儿戏于庭。

师：嗯，听出来是谁在庭院里玩了。群儿在干什么呢？你来说说看。

生：他们在庭院里做游戏。

师：哪个字是说他们在玩游戏呢？

生：戏。

师：是的，你来读一读，这句话，突出他们在干什么。（板书：戏）

生：群儿戏于庭。

师：很好，突出了他们在做游戏！那他们在哪里玩游戏？一起说说看。

生齐：庭院，他们在庭院里玩游戏。

师：在"庭"字前加个"于"。对比一下"群儿戏于庭"和"一群孩子在庭院里做游戏"，你们有什么发现？（板书：于庭）

生：我发现古文的词序和现代文不一样。

师：真了不起，他看出了古文往往词序和现代文不一样，有时会颠倒过来，那我们理解古文的意思时就要考虑词序问题。（板书：调整词序）再一起读读这句话，生齐读！

师：（出示：一儿登瓮，足跌没水中）文章接着又写了谁？

生：一个小孩。

师：文中哪个词是说"一个小孩"？

生：一儿。

师：一个小孩干什么了？（板书：一儿）

生：一儿爬到了水缸上。

师："爬上了"就是文中的？

生："登"。

师：你来读一读，突出他是怎样上了水瓮的。（板书：登）生读。后来又发生了什么事儿？

生：他失足掉进了大瓮里。

师："跌"这个字可以清楚地告诉我们，孩子是"失足"掉进了瓮里，你看"跌"的意思就是失足摔倒。一起读读这句。（板书：跌）

生：群儿戏于庭，一儿登瓮，足跌没水中。

师：你看短短的十来个字，就把事情的起因交代得清清楚楚。我们再一起读一遍。那故事又是怎样进一步发展的呢？我们往下看。

师：（出示：众皆弃去，光持石击瓮破之，水迸，儿得活）一起读一读。生齐读。

师：（出示：众皆弃去）这一句又说了谁呢？

生：很多人都跑了。

师：哪个词是说很多人的？

生："众"。

师：这里的"众"不包括谁呢？（板书：众）

生：司马光。

师：何以见得？

生：下文说了"光持石击瓮破之"。

师：是呀，联系下文理解词句的意思。你来读一读，突出"众"。这里的"众"还不包括谁？

生：落水的孩子。

师：从哪里看出来？

生：上文说"足跌没水中"。

师：联系上文理解词句的意思，真不错。你们看联系上下文理解了这里"众"的含义，联系上下文理解字词的意思不失为一种学习的好方法。

师：这个"众"和前文中的哪个字意思相近呢？

生："群"。

师：是的。（出示：群儿戏于庭、众皆弃去）对比读一读。生齐读。文言文就是这样，用字很讲究，很准确。这就是文言文的魅力所在。

师：司马光留下来做了什么事呢？

生：他在地上捡起一块大石头，把缸砸碎了。

师：哪个字说是司马光做了这事儿呢？

生："光"。

师：司马光，文中只用了他的名，言简意赅，这在文言文中是非常常见的表达方式。（板书：光）光做了什么事呢？

生：司马光拿着一块大石头砸那口大缸。

师：文中用了三个动词把司马光破瓮救友过程交代得清楚明白。这三个动词是？

生："持""击""破"。

师：是的，大家把这三个字读得重一些，以突出司马光破瓮救友的行为。（板书：持 击 破）

师：大家再来读一遍，读的时候带上动作，再次体会司马光是如何破瓮救友的。

生：带着动作表演读。

师：事情的结果是？

生：水迸，儿得活。

师：大家一起讲一讲这个故事。（出示全文，生齐读）你们绘声绘色，有些同学还带着动作，讲得很棒！

师：2004年6月1日，中国邮政发行了一套邮票，你们看看，看明白了吗？我看同学们频频点头。你来说说看，三张邮票都画了什么？

生：第一张邮票画了小儿落水的画面。

师：文中哪几句话写了这张邮票的内容？

生：一儿登瓮，足跌没水中。

师：（出示：群儿戏于庭，一儿登瓮，足跌没水中）这是事情的起因。

师：这第二张邮票画了什么内容？

生：众皆弃去，光持石击瓮破之，水迸。

师：这是事情的经过。一起读一读。这第三张邮票画的是？

生：儿得活。

师：这是事情的结果。语言简洁是文言文的一个特点！你看，30个字，就把司马光破瓮救友的故事交代得清楚、明白、完整。这就是文言文的魅力所在。那么，我们平时讲故事、写文章，也要注意把事情的起因、经过、结果交代得清楚明白。我们再一起把这个短小而完整的故事讲一讲。预备起——

（设计思路：本文是小学阶段的第一篇文言文，怎样去理解文言文的意思也是教学的重难点。我主要采用以读代讲，读中理解，并采用看注释、看插图、联系上下文进行理解；同时巧妙地利用2004年中国邮政局发行的司马光砸缸三张邮票，把故事的起因、经过、结果梳理清楚，孩子们轻松把握文章结构）

第三板块　三读，当堂熟能成诵

师：老师把文章变一下，你们还会读吗？（出示：无标点的文章）

生：（略）。

师：真好，没有标点，你还能读得这么流畅、准确！为你点赞！一起读。

生：（齐读）。

师：我知道咱们三（3）班的孩子爱挑战，我写一个字大家看看（书写"册"）这个字大家认识吧？它是一个象形字，是把竹片或木片穿起来，做成书简，用来刻或书写文字的。那在竹简书写汉字，是按照怎样的顺序来书写的呢？

生：竖着写的。

师：（出示竖版文章）谁来读一读？

生：声音嘹亮、绘声绘色地读。

师：你读得字正腔圆，余音绕梁。如果个别字读音别那么"震耳欲聋"，会更好。除了文字是竖着排的，你还有什么发现？

生：我发现不仅文字竖排，还有朗读的时候是从右往左读的。

师：善观察的学生。和现在横排左起排版有别。一起读一遍。（生齐读）还敢挑战吗？

生：敢——

师：（出示：繁体字竖版）在台湾、香港、澳门繁体字依然在使用，你们还能读吗？

生：能！

师：厉害了！这么多同学举手，好，大家一起来。（生齐读）还想挑战吗？

生：想啊！

师：出示司马光砸缸图片。同学们看着图片，把这个故事用文言讲给同桌听，开始吧。（同桌互助讲故事）

师：谁来把这个故事讲给大家听？你来。

生1：（看着图，顺利讲完）。

师：尽管重复了三个字，其他讲得一字不差！厉害！

生2：（很流利，但少了"水迸"）。

师：你看，漏掉两个关键字，落水的孩子怎能出来呢？（生笑）看，文言文一字千金，不能漏一字哦！一起讲行不行？

生：行！

师：很牛啊，不到一节课，你们就把它们背下来啦！

（设计思路：通过去标点、竖排、繁体字、图片等形式，利用设置情景、同伴合作等手段激发孩子们朗读兴趣，孩子们不知不觉在一遍遍诵读中达到熟能成诵）。

第四板块　延展，感知人物品质

师：文字留存我们心中！其实，司马光砸缸这个故事还通过很多形式流传下来，比如说人们把它画成年画，剪成剪纸，做成雕塑……人们通过不同形式让这个故事从宋朝开始，分别经历了什么朝？

生：元朝，明朝，清朝。

师：是啊，1000年来，这个故事一直流传下来，直到2004年中国邮政还为此发行了一套邮票。可见，这个故事已经深入人心啦！

师：司马光砸缸这个故事中司马光能够临危不惧、机智果断破瓮救友，这绝非偶然！在《宋史·司马光传》中，在咱们这篇课文之前，还有一段话。（出示：光生七岁，凛然如成人，闻讲《左氏春秋》，爱之，退为家人讲，即了其大指。自是手不释书，至不知饥渴寒暑）自己读一读，看能不能读懂。（生自读）

师：你们很厉害，只读错了一个字。"了"不读le，读liao，第三声，了解的意思。（学生大概讲这段文字的意思）正因为他学习得那么认真，那么深入，那么刻苦，才有他在关键时刻，临危不惧，机智果断破瓮救友！我们再读读这段话。

生：齐读。

师：正所谓"读书生智慧"啊！你看，爱学习，爱读书的孩子会越来越聪明，越来越智慧，越来越勇敢！

第五板块 书写，落实基础目标

师：司马光不仅是政治家、史学家，写出了中国第一部编年体史书《资治通鉴》；他还是一位书法家，（出示司马迁的书法作品）大家看，这就是司马光的书法作品，他的字刚柔并济、自成一体。我从他的《朝圣帖》中找到他的复姓中的一个字"司"，看一看和现在的楷书几乎一模一样。我们拿出笔，来临摹一下这个字。写之前，我们来读一读临帖的要求。（出示：坐姿端正，观察在先，下笔在后，写后比对，越像越好）

生：（读要求）。

师：坐姿端正是写好字的前提，你们坐得真端正。大家观察这个"司"，它是半包围结构，观察笔画在田字格里的位置。现在可以先写一个，自己对比，然后同桌对比，互相说说写得好和不足的地方，再写一个。

生：书写，小组交流（师巡视指导）。

师：课下就按照这种书写要求，把剩下的几个字也写两遍。

（设计思路：本单元的人文目标是美好的品质，作为第一篇课文，且是文言文，对于人文目标的落实不可忽视。我主要采用拓展资料，让孩子们了解到司马光能够具有机智勇敢、沉着冷静的品质是源于他从小就热爱读书，他破瓮救友的举动与他幼时刻苦读书有着密不可分的联系，从而潜移默化地让学生理解读书的意义所在）。

第六板块 回顾，弹唱《司马光》结课

师：这节课，走进我们第一次接触的文言文，走进一个了不起的历史人物，说说你都学到了什么？

生1：我了解了文言文的一些特点，比如，语言简洁、词序颠倒等。

师：你收获了文言文与现代文相比，它的突出特点，很好！

生2：我背会了《司马光》这篇文言文，很高兴，因为我之前最怕背课文啦。

师：那你明白背课文的秘诀了吗？

生2：好像明白了，就是理解意思，然后多读几遍就会了！

师：正所谓熟能生巧，孰能成诵啊！请坐。

生3：我知道了司马光小时候是一个聪明机智、果断勇敢的人。

生4：我明白了文言文的理解方法有很多，比如看注释、联系上下文、看插图等。

生5：我学到了读书的重要性。

师：是呀，正所谓"读书生智慧"啊！上课前，老师说还要和你们一起唱一首歌，那会是什么歌呢？

生：该不会是《司马光》也被你编成吉他弹唱了吧？

师：你厉害！一下就猜中了。来我们一起唱一下《司马光》吧！

吉他弹唱中结束40分钟课堂学习。

（设计思路：结课的设计，进一步落实孩子们对于文言文与现代文的不同点的认识、学习文言文的一些基本方法以及课文蕴含的人文目标，从课堂教学过程和孩子们最后的反馈来看，基本达到了课前预设的教学目标）

点评：

高老师的这节课，是一节充分为学生着想的课，是一节体现了教学智慧的课，是一节指向素养发展的课。在这节课上，师生一起享受着课堂学习活动，一起收获着学习的快乐和成果。

对于第一次接触文言文的三年级小学生来说，文言文的陌生，在于即使认识其中的每一个字，也不一定能够正确断句，读通读顺；即使以为自己懂得每个字词的意思，也不一定能读懂每句话的意思。第一次引导学生在课堂上学习文言文，从学情出发，是学习真实发生的基础；注重朗读，是亲近文言文的必由之路；精心组织资源丰富文化体验，是感受学习意义的智慧选择；进行适度拓展，是初步形成能力的保障。这些都成为这节课的亮点。

一、沟通经验，依据学情精心设计学习活动

课堂从聊姓和名开始，激活已在学生头脑中"沉睡"的知识经验，认识到姓分单姓和复姓，这样就通过姓名，从一接触就对司马光产生了浓厚的兴趣，留下了较深的印象。

接着，高老师让学生根据图片讲司马光砸缸的故事，将现代文故事与文言文故事进行对比，引起认知冲突，既初步发现了文言文简洁的特点，又激发了学生进一步探索文言文的兴趣。

可以说，这节课之所以能够层层深入，让学生一直兴趣盎然，首先得益于高老师能够从学生实际出发，想学生之所想，积极沟通学生的生活和知识经验，依据学情精心设计学习活动。

二、多种形式诵读，促使学生亲近文言文

文言文的很多特点，都可以通过各种形式的诵读感受和领悟。高老师这节课，循序渐进地运用了多种形式的诵读活动，促使学生一步步"懂"文言文，进而亲近文言文。

学生第一次在课堂上接触文言文，看上去觉得"简洁"，自己读起来可能就不知所云了。教师的范读就显得很重要。范读不仅是为了示范怎样读通读顺，更重要的是感受断句和停顿，感受节奏，并初步探索意思。高老师在范读上，是层层推进的：全文范读一遍，按每个标点符号断句带读，按句号一句句带读，全文连起来带读，这是在初读环节，目的是让学生能够循序渐进扎扎实实读通读顺。

小学生学习文言文，不能条分缕析，逐字逐词讲解，要通过不同形式的诵读实践，既得言又得意。这节课上，高老师以读代讲，通过不同的读法读懂句子所讲内容意思，让故事人物、情节等在读中鲜活起来，既理解了意思，又发现、感受了文言文的特点；通过去掉标点、竖排、繁体字等不同方式挑战诵读，学生不知不觉就熟读成诵了；伴奏弹唱，是一种创意诵读，给学生留下深刻印象。

三、精心选择和利用多种资源，丰富文化体验

文言文是一种书面语言形式，更包蕴着丰富的文化因子。将文言文学习与文化浸润、体验融为一体，能够帮助学生建构更加丰富的学习意义。高老

师这节课，精心选择和组织运用了多种资源，不断丰富学生的文化体验，课堂既有了广度，又有了深度。姓氏歌、老教材、邮票等资源的运用，支撑了学习活动，促进了学习目标的落实，更让学生感受到了文化传承的力量和价值。高老师特别有匠心，用一组邮票，不仅让学生感受到司马光砸缸故事深入人心，还帮助学生水到渠成地厘清了故事的起因、经过、结果；介绍司马光生平，重点突出他是书法家，自然而然地引导学生写好这一课的生字……这种资源意识，是值得老师们学习借鉴的。

北京亦庄实验小学　高学雷

执教：高学雷　评析：李竹平

学习朗读技巧 增强语言感受能力

——寓言《揠苗助长》教学实录

朗读，在小学语文教学中，占有极其重要的地位。《义务教育语文课程标准（2011年版）》对各学段的朗读提出了明确要求"正确、流利、有感情"。只是各学段的要求各有侧重。于小学生而言，除了专项朗读的训练，其实更重要的是将朗读渗透到每一堂语文课中。因此，在日常的语文教学中，根据文本的特点，设计朗读环节，让学生掌握朗读技巧，以此提高语言感受能力是至关重要的。《揠苗助长》是部编版语文二年级下册的一篇寓言，文章通过神态、语言、动作描写将一个做事急于求成的人物形象刻画得非常生动。在教学中，我采用以读代讲的方式，让学生通过朗读，感受人物的心理。

一、重读关键词，体会人物心情

【教学实录1】

师：除了"巴望"这个词，你从第一自然段的哪些词语还可以看出他希望自己的禾苗长得快些，画出有关的词语。

老师提高一个难度，你不要直接说出来，而是通过朗读的方式让大家听出来可以吗？

生：他天天到田边去看。

师：谁听出来了，他圈的是哪个词？

生：天天。

师：你怎么听出来的？

生：他这个词语读得很重。

师：你太善于倾听了！谁会用相同的方法把你圈画的词语读出来？

生：可是，一天，两天，三天，禾苗好像一点儿也没有长高。

师：你的朗读让我听出了你圈画的关键词，你学会了这个方法！你们听出了什么？

生：我听出了他重读了"一天，两天，三天"。

师：你听得认真又专注！（出示PPT）

> 可是，三天过去了，禾苗好像一点儿也没有长高。
> 可是，一天，两天，三天，禾苗好像一点儿也没有长高。

课文中写的一天，两天，三天，可是如果换作老师来写，我会写作"三天过去了"，你们觉得，哪一种写法更好？

生：我觉得课文中写得更好。

师：为什么？能试着说说你的理由吗？

生：课文这样写，能看出他更心急，就像掰着手指过一样。

师：你平时有过这种体验吗？

生：上课的时候，我总看表，看看什么时间下课，可是每次都觉得时间过得好慢。

生：老师，我能用一个成语形容他——度日如年。

师：你们太会学习啦！懂得联系自己的生活经验！所以，我们在朗读这句话时，重读的同时，还要把时间的漫长读出来。我们来试试！

生：可是，一天，两天，三天，禾苗好像一点儿也没有长高。

师：（出示PPT）要想把这个农夫焦急的心情读出来，这些词语就要？

生：重读。

师：没错，在朗读中，我们可以重读关键词来表现人物的心情。

......

【反思】

对于学生而言,读正确、读流利就是朗读。但对于马上要升入中学段的他们,尝试练习读出感情是十分必要的。现阶段的学生,体会出文中表达的感情并不是难事,但要通过朗读表现出感情就是个难点了。因此,培养学生朗读的技巧必不可少。

在这一教学环节中,让学生圈画出能体现农夫焦急心情的词语是第一步,这也为后面的朗读体会降低难度、做好铺垫。第二步,让学生通过朗读让其他人猜测他圈画的是哪一个词语,而不是直接说出词语。一来,在这一过程中锻炼其他学生的倾听能力;二来,让学生自行体会如何朗读才能让其他人猜出自己的词语。如此,"重读"的概念即使他不知道,却知道如何运用这一朗读技巧。第三步,将两种表达方式进行对比,学生了解到重读的同时,还要关注具体语境。通过联系自己的生活经验,将重读这一朗读技巧运用得更加具有针对性。

在文本理解中,抓重点词句是一种重要方法。那重读这些关键词句,就是学生体会人物心情,将人物心情外化的一个过程。在以后其他课文的朗读中,学生也能用相同的朗读技巧加以体会,实现迁移运用。

二、关注提示语,感知人物心理

【教学实录2】

师:农夫看到自己的禾苗长高了,心情怎么样?

生:开心、高兴。

师:除了开心、高兴,还有什么?你看你们都没有办法让禾苗长得快,我却想出来啦,我多么厉害!

生:得意扬扬。

师:没错,除了高兴,还有得意的心理。那他和家人说的这句话,我们应该怎么读呢?

生:"今天可把我累坏了!力气总算没白费,禾苗都长高了一大截。"

师：你不仅通过朗读让我们听出了你的得意和高兴，你的面部表情也已经告诉我们啦！

师：除了得意的心情，大家仔细看原文，这句话他是怎么说出来的？

生：一边喘气一边说。

师：农夫为什么会喘气？

生：因为他拔禾苗拔了一下午，从中午一直忙到太阳落山，累得筋疲力尽。

师：没错，他忙了一下午，一刻也没有休息，回到家，除了得意地分享好消息外，这句话还要读出他的什么呢？

生：还要把他筋疲力尽的感觉读出来。

师：我们来试试。

生："今天可把我累坏了！力气总算没白费，禾苗都长高了一大截。"（一边喘气一边说，语带得意）

师：所以我们在朗读的时候，尤其是对话前面，通常会有词语提示我们这句话应该用怎样的语气读出来，我们给这样的词语取个名字吧？

生：那就叫"提示语"吧，因为它提示我们这句话怎么读。

师：你的命名有理有据！再读对话时，我们就要关注？

生：提示语。

……

【反思】

提示语，除了交代对话是由何人说出，更能反映出人物的动作、心理、神态等细节。在二年级语文教学中，抓住提示语可以帮助学生理解课文内容，把握语言环境，感悟人物情感，对于提升学生的朗读能力大有作用。对于提示语的概念，学生在上学期的学习中已有一定基础，在本篇课文中，对这一朗读方法再次进行巩固与练习，让学生抓住提示语提高朗读能力。

在这一教学环节中，农夫说出这句话，包含着两种状态：得意和筋疲力尽。如果同时让学生体会农夫的两种状态难度会比较大。因此，在设计这一环节时，我采用分步处理。先让学生体会农夫看到禾苗长高后的心情，带着这种心情朗读他对家人说的这句话；在此基础上，提醒学生关注对话前的提示语，并探究他"喘气"的原因，学生便能轻而易举地理解农夫为何"一边喘气一边说"。最后，带着疲惫，带着得意，再来朗读这句话，学生就能很好地理解农夫的心情与神态。

朗读，是一种复杂的心理活动，它既是摄取内化的过程，又是表达和外化的过程，同时，更是低年级小学生理解课文、学习语言的主要途径。著名语言学家吕叔湘先生说："语文教学的首要任务就是培养学生各方面的语感能力。"语感，就是指人们对语言文字的直接感受能力。训练语感最重要的方法就是训练朗读。提高学生朗读能力的方法有很多，在本课学习中，我重点训练学生根据关键词句重读、根据提示语体会人物心理这两个技巧。

当然，关于朗读的方法和技巧还有很多，如关注标点符号把握人物神态和心理（《画杨桃》），分角色朗读（《小马过河》），等等。首先，我们需要根据文本的特点设计朗读教学的重点，同时不要贪多，确保一课一得，学生能够切实地提高朗读能力；其次，在后面的学习中，针对再次出现的朗读技巧和方法进行反复练习与巩固，通过学习迁移将这些技巧内化为学生自己的朗读方法。

北京亦庄实验小学　郝秀秀

以读代讲，"读"出方向

——《要是你在野外迷了路》教学实录及评析

【教学内容分析】

《要是你在野外迷了路》是部编版教材二年级下册第六单元的课文。这是一首以自然科学为题材的儿童诗，融合自然科学知识于生动形象的语言中，6小节诗按总—分—总的结构展开，诗歌易读易懂，节奏感强，韵脚整齐，富有韵律。通过多种形式的朗读，可以激发学生观察、探究大自然的兴趣。

【学情分析】

经过一到二年级的学习，朗读方面，大部分学生能够做到正确、流利，但在通过朗读理解和体会作者情感方面还需要老师进行朗读指导。

【教学目标】

1. 正确、流利地朗读课文。能联系上下文理解"向导"等词语的意思。

2. 通过对比文本，朗读品味儿童诗的语言，体会大自然的奥秘和情趣以及人与自然和谐相处的关系。

【教学重难点】

1. 正确、流利地朗读课文。能联系上下文理解"向导、永远"等词语的意思。

2. 通过对比文本，朗读品味儿童诗的语言。

【教学实录片段】

一、自由读文，复习回顾

师：同学们，上一节课我们对《要是你在野外迷了路》有了初步了解，现在我们来回顾一下。请同学们自由读、读准字音、读通句子、试着读出感情。

生：要是你在野外迷了路……（齐声读课文）

师：孩子们，自由读呀，就是按照自己的节奏朗读，你可以读快，他可以读慢，你可以读大声，他可以读小声，不需要所有的同学都保持一样。先读完的同学待会儿可以用端正的坐姿示意老师。

生：要是你在野外迷了路……（按照自己的节奏朗读课文）

【评析：自由读文，倡导读出特点，不齐读，避免拖腔拿调。二年级的学生还是需要课堂学习习惯的培养，老师的一句"用良好的坐姿告诉老师你读完了"就是一种很好的习惯培养】

二、走进文本，朗读品味

1. 对比朗读，品味语言，理解"忠实"。

师：我们接下来玩一个"对比朗读"的小游戏，请男生朗读左边的句子，女生朗读右边的句子，看看谁能把不同读出来。

男生：太阳是向导，它在天空给你指点方向。

女生：太阳是忠实的向导，它在天空给你指点方向。

师：通过朗读，你觉得哪里不同？谁读出来了？和大家分享一下吧。

生：第一个句子单纯地说太阳是向导，第二个句子描述了太阳是忠实的向导。

师：那"忠实"是什么意思呢？请你朗读下文，理解一下"忠实"的意思。

（朗读下文）

师：谁能联系下文说说自己理解的"忠实"是什么意思？

生：我认为"忠实"是忠厚老实的意思，因为下文说太阳会在天空给人们指点方向，中午的时候它永远在南边，地上的树影在北边，这是不会改变的。

师：那太阳中午的时候会不会到北方去呢？

生：不会。

师：会不会到东方去呢？

生：不会。

师：会不会到西方去呢？

生：不会。

师：对，它不会，因为太阳中午的时候永远是在——

生：南边。

师：同学们，这就是"忠实"！我们一起再读一遍"太阳是个忠实的向导……"

（带着理解，在朗读中品味语言）

师：同学们，我们除了有忠实的向导，还能有忠实的什么呢？

生：忠实的观众。

生：忠实的小狗。

生：忠实的朋友。

师：那谁是你忠实的朋友呢？

生：小轩是我忠实的朋友。

师：你为什么觉得他是你忠实的朋友呢？

生：因为他不欺骗我，一直都对我很好，我们经常在一起玩。

师：大家不仅能够联系下文自己理解"忠实"一词，还能结合生活举例，对诗歌中"忠实"一词表达自己的独特感受。真是太厉害了！

2．接龙朗读，表达疑问，合作解决。

师：到了晚上，我们要是在野外迷了路该怎么办呢？

生：看北极星。

师：没错，那请大家小组接龙朗读第三小节诗。

（小组接读）

师：同学们，这一节你有什么疑问呢？可以把你的疑问和大家分享，我们一起帮你解决。

生：北极星"永远"高挂在北方，"永远"是什么意思呢？

师：能够提出自己的问题，证明你是善于思考的孩子。那接下来，我们四个人一小组来讨论一下第三小节中"永远"的意思，讨论后我们再全班交流。

（学生小组交流讨论）

师：好，我看到各个小组都讨论好了。下面在交流的时候，请你在分享自己对于"永远"一词的理解时，说说自己用的是什么方法。

生："永远"的意思是"永久""永恒"。我们小组用的是近义词法来理解词义。

生：我们小组认为"永远"的意思是"长久""一直不会改变"。我们运用的方法是联系下文的方法，北极星永远高挂在北方，是一直不会变的，非常长久。

师：同学们太善于思考和合作了，用不同的方法理解了"永远"的意思。谁现在真正理解了"永远"的意思，请举手。

（几乎所有学生都举手了）

师：那我要在朗读中听听你是不是真的理解了。

生：北极星……（带着理解朗读）

师：朗读得准确、流利，并且我听到有同学在读到"永远"一词时不自觉加重了语调，读得真好。

3. 配合朗读，读中思考，交流感悟。

师：同学们，沙沙沙，下雨了，我们还能不能辨别方向了？

生：能。

师：配合朗读一下第四小节，单学号读第一和第三句，双学号读第二和第四句，边读边思考你读出了什么。

（学生配合朗读）

生：我读出了我们和大树是朋友。

师：你从哪里读出来的？

生："要是碰上阴雨天，大树也会来帮忙。"它来帮忙就是我们的朋友。

生：我从这句还读出了大树很友好，我们需要帮助它就来帮助我们。

师：说得太好了，你能带着大家把这句话读一遍吗？

生：要是碰上阴雨天，大树也会来帮忙。

师：同学们边朗读边思考，从朗读中读出了自己的感悟并且和同伴交流，老师为你们点赞。

4. 自主朗读，体会词语，同伴交流。

师：请你自由朗读第五小节，说一说你最喜欢哪个词语，并和同伴进行交流吧。

生：朗读第五小节。

师：谁能说说你自己最喜欢哪个词语？为什么？

生：我最喜欢"指点"一词。

师：为什么？

生：平时我有困惑的时候是老师或者爸爸妈妈指点我。

生：我的队友也会指点我。

生：还有我的同学指点我。

师：从同学们的交流中我听出了"指点"表示人们之间是倾注了感情的。

【评析：《义务教育语文课程标准（2011年版）》指出，各个学段的阅读教学都要重视朗读和默读。本环节充分运用"以读代讲"的方式，通过对比朗读，品味语言，以及联系下文进入情境中理解诗歌中"忠实"的意思，之后联系自己的生活进行深入理解；通过小组接龙朗读，提出自己的疑问，小组合作来共同解决，培养学生自主思考能力以及通过合作学习解决阅读中问题的能力；通过朗读感悟，交流自己的所感所悟；通过交流自己喜欢的词语，深入感受儿童诗用词的准确和生动】

三、再读全文，巩固夯实

师：孩子们，要是你在野外迷了路，要不要慌张？

生：要是你在野外迷了路，可千万别慌张，大自然有很多天然的指南针，需要你多多观察细细去想。

师：我们现在边看每节诗的图片，边听背景音乐，边朗读，再次感受作者的语言。如果你已经会背了也可以看图片背诵，如果不能背诵请看着图片和文字进行朗读。

（学生朗读）

【评析：再次回归文本，"边看每节诗的图片，边听背景音乐，边朗读"运用了"视听结合"的朗读策略，突出形象，展现画面，利用图片和音乐，为学生展现与课文情境相关的画面，渲染情境，学生带着自己对语言的深入体会再读全文，巩固夯实，体会大自然的奥秘和情趣以及人与自然和谐相处的关系】

【总评】

为了学生有方向、有目标、有情感地朗读，培养学生良好的语感，通过朗读引领学生感悟文字，紧扣目标，在无形中提高学生综合素养。

以读代讲，读中体会，多种形式相结合。采用了自由读、对比读、接龙读、配合读等多种形式的读文方式，激发学生朗读兴趣，学生在多种形式、多次读文的过程中理解文中生动有趣的词语和句子。

品味语言，学习表达，创设情境激兴趣。叶圣陶先生说过："读书心有境，入境始为亲。"通过创设情境，以"忠实""永远""帮忙""指点"这些关键词语为抓手，理解儿童诗句生动的表达。

总之，这节课立足二年级孩子的年龄特征和认知水平，创设情境，运用多样化朗读使课堂富有情趣。整个学习过程，学生参与度高，读出理解，读出方向！

北京亦庄实验小学　白玉

支教者　白玉，点评　高学雷